RAFIC JUNIOR
PREFÁCIO DE **DAVI BRAGA**

CADA MINUTO IMPORTA

Domine sua mente e vença o jogo todos os dias

Diretora
Rosely Boschini

Gerente Editorial Sênior
Rosângela de Araujo Pinheiro Barbosa

Editora
Juliana Fortunato

Assistente Editorial
Camila Gabarrão

Produção Gráfica
Leandro Kulaif

Preparação
Eliana Moura Mattos

Capa
Caio Duarte Capri

Projeto Gráfico
Márcia Matos

Adaptação e Diagramação
Gisele Baptista de Oliveira

Revisão
Bianca Maria Moreira
Wélida Muniz

Impressão
Loyola

CARO(A) LEITOR(A),
Queremos saber sua opinião
sobre nossos livros.
Após a leitura, siga-nos no
linkedin.com/company/editora-gente,
no TikTok **@editoragente**
e no Instagram **@editoragente**,
e visite-nos no site
www.editoragente.com.br.
Cadastre-se e contribua com
sugestões, críticas ou elogios.

Copyright © 2025 by Rafic Junior
Todos os direitos desta edição
são reservados à Editora Gente.
Rua Dep. Lacerda Franco, 300 – Pinheiros
São Paulo, SP – CEP 05418-000
Telefone: (11) 3670-2500
Site: www.editoragente.com.br
E-mail: gente@editoragente.com.br

Dados Internacionais de Catalogação na Publicação (CIP)
Angélica Ilacqua CRB-8/7057

Junior, Rafic
    Cada minuto importa : domine sua mente e vença o jogo todos os
dias / Rafic Junior. - São Paulo : Editora Gente, 2025.
    192 p.

Bibliografia
ISBN 978-65-5544-581-7

1. Desenvolvimento pessoal 2. Sucesso I. Título

25-0212   CDD 158.1

Índices para catálogo sistemático:
1. Desenvolvimento pessoal

NOTA DA PUBLISHER

Vivemos em uma época marcada por pressões incessantes, na qual somos levados a acreditar que sucesso é sinônimo de esgotamento e que precisamos estar sempre à frente, atendendo a todas as expectativas, tanto externas quanto internas. Em meio a essa dinâmica, muitos de nós perdemos o contato com nossos valores, deixamos de priorizar o que realmente importa e nos distanciamos de uma vida que combine propósito e realização.

Em *Cada minuto importa*, Rafic Junior propõe uma reflexão profunda e necessária sobre o que significa viver com excelência em um mundo que não desacelera. A partir da própria história de superação, ele compartilha ferramentas práticas para quem deseja enfrentar os desafios do dia a dia, bem como redefinir a maneira como vive e reconhece o próprio potencial. Com uma abordagem fundamentada na trajetória pessoal e no aprendizado que adquiriu dentro e fora das quadras de vôlei, Rafic mostra que alcançar resultados extraordinários não exige sacrifícios desumanos, e sim um novo modo de pensar e agir.

O autor construiu a própria história com base em valores sólidos e em uma disciplina inabalável, por isso tem a credibilidade de quem viveu na pele os desafios da alta performance. Como ex-atleta, empresário e mentor, Rafic compartilha métodos testados, oferecendo ao leitor insights que vão além da teoria e tocam a prática real de transformação pessoal e profissional.

Com esta obra, quero desafiar você a identificar as crenças que limitam seu progresso, a construir uma mentalidade resiliente, a equilibrar conquistas com propósito e a redescobrir o valor do tempo. O convite é claro: revisar suas prioridades, ajustar a rota e abraçar uma versão mais completa e alinhada de si mesmo. Boa leitura!

ROSELY BOSCHINI
CEO e Publisher da Editora Gente

Este livro é o meu legado, que dedico exclusivamente à minha família: a minha esposa, Sofia, mulher incrível, guerreira, empresária, mãe, filha, que eu visualizei e pedi a Deus para colocar na minha vida e de quem eu sou fã; os meus filhos, Pietro, garoto lindo, educado e cuidadoso com as pessoas, e Alice, uma joia, com uma pureza e uma transparência que só ela tem (é claro que puxou à mãe). Os três terão a oportunidade de ter um rico registro de tudo, de como foi e está sendo a minha vida de pai e marido.

Dedico também à minha grande e incrível mentora, dona Vera, a minha mãe, que foi a minha base, o meu alicerce, e me ensinou valores e princípios que são pilares essenciais para a minha vida.

Dedico, por fim, a um cara pelo qual eu sou completamente apaixonado: Jesus Cristo, o meu grande mentor.

AGRADECIMENTOS

Agradeço por estar vivo, presenciando este momento incrível que nem nos meus melhores pensamentos sonhei realizar. Esse processo de reviver o passado, sentir as emoções e relembrar as lições que aprendi em cada experiência é uma oportunidade dada por Deus, um tempo de muita profundidade e conexão com o garoto que fui, com os muitos sonhos que tive e com o homem que conseguiu realizá-los.

Obrigado, Deus, por Seu tão grande amor, por Sua energia superior que me eleva e me faz ter a certeza de que não estou sozinho.

Ao meu sócio, mentor e amigo, Davi Braga, um ser humano incrível que se dispôs a escrever o prefácio deste livro e oferecer a percepção dele sobre esta leitura.

A todos os meus técnicos, amigos e parceiros de treinos e jogos: vocês foram uma geração de grande importância para a história do vôlei brasileiro. Aprendi e ainda aprendo muito com cada um que se tornou um verdadeiro amigo nessa linda caminhada. Aos países pelos quais passei, aos times que frequentei e nos quais tive a oportunidade de jogar.

Ao meu amigo e mentor Joel Jota e a todos os mentores que, durante os últimos trinta anos, me ensinaram a viver uma vida de entrega e performance. A todos aqueles que de alguma maneira, direta ou indireta, fizeram parte da minha trajetória.

Agradeço todas as profundas experiências que vivi no meu desenvolvimento pessoal e todos os aprendizados que as minhas empresas me proporcionam. Tenho certeza de que essa jornada continua; porém, a partir de agora, em um nível de responsabilidade muito maior.

Em especial, agradeço ao meu pai e à minha mãe, que me deram a vida. Se estou aqui hoje, escrevendo estas palavras, é porque tive a bênção deles. Agradeço aos meus irmãos, pois fazem parte de toda a minha história e me ensinam cada dia a ser alguém melhor.

O que prevalece é a força do time, da coesão, dos movimentos e dos processos. Então, enfatizo que cada pessoa foi uma peça-chave — afinal, sem vocês não teria sido possível chegar aonde cheguei. E ainda estou só começando!

Bora correr juntos?

SUMÁRIO

Prefácio 11

Introdução 13

CAPÍTULO 1 Vivemos em um mundo de exigências e sobrecarga 18

CAPÍTULO 2 A trilha dos desafios 27

CAPÍTULO 3 A ilusão do sucesso e o preço da modernidade 31

CAPÍTULO 4 Quais são as chaves para a vitória? 38

CAPÍTULO 5 Seja um inconformado 45

CAPÍTULO 6 Não negocie os seus valores 68

CAPÍTULO 7 Tenha uma mentalidade campeã 78

CAPÍTULO 8 Treine mais do que os demais 92

CAPÍTULO 9 Esteja sempre uma jogada à frente 108

CAPÍTULO 10 Supere-se todos os dias 117

CAPÍTULO 11 Conheça o segredo da alta performance 130

CAPÍTULO 12 Construa relacionamentos intencionais 141

CAPÍTULO 13 Entregue-se sem atalhos 162

CAPÍTULO 14 Seja o seu maior exemplo e referência 175

CAPÍTULO 15 Reta final 188

PREFÁCIO

Algumas pessoas passam a vida inteira tentando entender como chegar ao próximo nível. Outras simplesmente fazem isso acontecer. E existe um motivo claro para isso: o modo como você interpreta o tempo é o que determina como você encara a vida.

Eu passei os últimos anos construindo ecossistemas, acelerando empresas e desenvolvendo líderes. Se teve uma coisa que aprendi nesse processo foi que o tempo é o ativo mais valioso que existe. O dinheiro você recupera. O tempo, não. Mas a verdade é que nem todo mundo consegue perceber isso.

O esporte molda uma mentalidade de resistência. De disciplina. De saber ganhar e de saber perder. Um atleta não é alguém que apenas executa bem, é alguém que treina, que repete, que ajusta. Um atleta entende que o que separa a vitória da derrota não é talento, é treino.

Rafic Junior não é só mais um autor escrevendo sobre produtividade. Ele é um ex-atleta da seleção brasileira de vôlei, tendo atuado profissionalmente por mais de vinte anos. Ele sabe o que é se preparar para um jogo decisivo, sabe que a repetição e o aprimoramento constantes definem o bom desempenho em quadra, assim como a maneira de encararmos a vida.

Este livro não é um amontoado de frases motivacionais, não apresenta "dicas de produtividade". É um sistema real, uma metodologia estruturada para transformar cada minuto em um movimento estratégico rumo ao futuro que você deseja construir.

O grande erro da maioria das pessoas é achar que o tempo vai se organizar sozinho. É achar que, um dia, naturalmente, vão encontrar o equilíbrio perfeito entre trabalho, saúde, família e sonhos. Mas o tempo não se organiza. Ele precisa ser dominado. Se você não controla o tempo, ele controla você.

Hoje, aqui, minha posição não é apenas a de quem apresenta este livro a você, é de quem valida e chancela que o conhecimento oferecido nestas páginas tem profundidade, aplicação e impacto real. Eu conheço o Rafic de perto. Já o vi ensinar, moldar e provocar mudanças gigantescas no modo como as pessoas lidam com o próprio tempo e com a própria vida.

Então, meu conselho para você é: leia. E, mais do que isso, aplique!

Não adianta apenas entender intelectualmente que cada minuto importa. Você precisa fazer com que cada minuto de fato importe.

DAVI BRAGA
Fundador do Grupo RealDeal

INTRODUÇÃO

Será que você tem feito o suficiente por si mesmo e pelos outros? O que poderia fazer para entregar mais? O que pode fazer mais por si e pelo próximo? Você está dedicando tempo suficiente a si mesmo, investindo no seu crescimento pessoal e no desenvolvimento das suas habilidades? Está considerando o impacto das suas ações no bem-estar e na felicidade das pessoas que estão ao seu redor?

Levanto essas questões para provocar uma reflexão profunda sobre o seu estado atual, assim como sobre os seus resultados. E explico o motivo.

Nasci em Brasília, em 1975, na Cidade Livre, que hoje se chama Núcleo Bandeirante. Venho de uma família que vivia a escassez não apenas de recursos financeiros, mas também de recursos emocionais e estratégicos, igualmente essenciais para uma vida plena. A minha mãe era cabeleireira. O meu pai, apesar de ser servidor público no Ministério das Comunicações, ganhava pouco, pois naquela época os salários eram baixos, diferentes de hoje, em que os servidores têm muitos benefícios e altos salários.

A minha família carregava uma pobreza de gerações, e estava bloqueada e limitada em diversos sentidos, inclusive financeiros.

Os meus avós vieram do Líbano e chegaram ao Núcleo Bandeirante em 1958, onde montaram um restaurante e um hotel. Havia muita procura pelos serviços que eles prestavam, então tanto o restaurante como o hotel estavam sempre lotados. Mesmo assim, eu nasci e morei em um barraco com condições precárias. Sabe por quê? Porque o meu avô não tinha nenhuma expertise financeira para cuidar de negócios e, mesmo com a alta demanda de clientes, acabou falindo.

Foi assim que a nossa vida ficou cada vez mais difícil. Tínhamos comida, mas tudo era dividido em porções muito pequenas. Muitas vezes, havia apenas um bife para ser dividido entre seis pessoas. Lembro-me claramente de a minha mãe dividir o bife entre os filhos – eu, por ser o mais novo, ficava sempre com o menor pedaço. Eu ficava literalmente com as sobras.

Ao longo de toda a minha história, precisei desenvolver automotivação e autorresponsabilidade. Tudo o que eu quis conquistar, precisei construir passo a passo. Foi assim que saí do ponto A, que representa a provação da família que vivia em um barraco apertado e sem qualquer recurso ou estrutura, e cheguei ao ponto B, onde me tornei atleta e, depois, empresário. Todo esse processo levou tempo e me custou muito. Precisei aprender a ser o melhor para conseguir o meu espaço no mundo dos grandes, daqueles que venceram, principalmente a eles mesmos.

A infância difícil também me deu grandes aprendizados. A minha mãe me ensinou valores que apliquei para construir a minha carreira e que carrego comigo até hoje. Ela me apresentou pilares como entrega, lealdade, fidelidade e união. Apesar de todas as dificuldades, a minha mãe nos dava esperança com o sentimento de união que havia entre nós.

EU SABIA QUE PRECISAVA VENCER. PARA ISSO, TERIA QUE ME TORNAR O MELHOR. E FOI O QUE EU FIZ.

Depois que deixei as quadras de vôlei, me formei em Educação Física. Foi nesse período que conheci a Sofia, a minha esposa, alguém que me trouxe paz e me ajudou a trilhar um caminho mais leve. Ela me apresentou valores familiares como carinho, compreensão, bondade e afeto, que hoje cultivamos dentro do nosso lar.

Com o tempo, percebi que muitas ações espontâneas minhas estavam alinhadas com conhecimentos ou princípios que eu não tinha reconhecido antes. Assim, precisei desenvolver sozinho ferramentas e uma mentalidade inovadora para alcançar os meus objetivos. Sem isso, eu certamente teria parado no meio do caminho, não teria suportado o processo exaustivo e cheio de sacrifícios pelo qual passei.

A minha jornada foi marcada por mecanismos e estratégias que fui criando de maneira muito intuitiva, como tomar banho gelado e visualizar os meus objetivos antes de realizá-los. Eu simplesmente me deixava ser guiado pela energia divina, e tudo dava certo.

Hoje, olho para a minha história com gratidão, reconhecendo que cada batalha travada, cada lágrima derramada, valeu a pena. Elas me moldaram, me fortaleceram e me guiaram até onde estou agora.

Contei tudo isso porque espero que a minha história seja um lembrete para você que, hoje, enfrenta desafios aparentemente insuperáveis: nunca subestime o poder da sua resiliência, nunca duvide da sua capacidade de transcender limites e nunca deixe de perseguir os seus sonhos com fervor incansável.

No fim das contas, você é o arquiteto do seu destino, e a determinação é a chave que abre todas as portas rumo ao seu sucesso e à sua realização plena. Não são as circunstâncias que definem o seu destino, e sim a coragem de enfrentá-las e a determinação de superá-las. O objetivo deste livro é levar você a um nível de alta performance na sua vida tanto pessoal como profissional, com técnicas e ferramentas de autoconhecimento que intuitivamente eu pratiquei e depois desenvolvi. Nestas páginas, você encontrará a história de alguém que caiu e levantou muitas vezes e persistiu devido à antifragilidade construída.

Levarei você para dentro de si mesmo, em uma viagem interna, a fim de descobrir as suas crenças e os seus bloqueios e reconhecer as suas vulnerabilidades. Prepare-se para conhecer e superar os seus limites, antecipar-se às situações, planejar e agir com proatividade. Você se tornará um perseguidor da alta performance em tudo que fizer, e os resultados começarão a aparecer bem diante dos seus olhos.

Você aprenderá a estar à frente do jogo, a lidar com os desafios de modo mais eficaz e aproveitará ao máximo as oportunidades que surgirem ao longo dos anos. Então entenderá que não se trata apenas das suas ações, e sim do impacto delas na vida das pessoas que cruzam o seu caminho.

Em um mundo repleto de demandas e expectativas, é essencial nos questionarmos: estamos realmente empenhados em dar o nosso máximo? Neste livro, vou contar o que fiz, em meio a tantos desafios, para sempre entregar o melhor de mim, assumindo o compromisso com o servir e principalmente com o meu propósito de vida: fazer um mundo melhor. Se esse também é o seu propósito, você certamente o resgatará do seu interior por meio da minha história.

O processo de evolução que vivenciei me proporcionou consciência, capacidade de discernir e direcionar cada fase e momento com convicção e determinação. Eu chamo isso de *ciclos olímpicos*, que têm sido como uma bússola para mim, apontando o caminho, com início, meio e fim. Durante cada ciclo, avancei, aprendi, compreendi e adquiri novas experiências, sempre buscando servir e crescer mais.

Se eu consegui me tornar o campeão da minha vida, ter uma família próspera e um ecossistema com mais de dez empresas, você também pode! Então convido você a mergulhar nesta jornada de autoconhecimento, crescimento pessoal e serviço ao próximo.

Vamos começar esta aventura juntos e alcançar novos patamares de excelência e felicidade. O verdadeiro progresso aguarda aqueles que estão dispostos a se dedicar, persistir e entregar tudo de si.

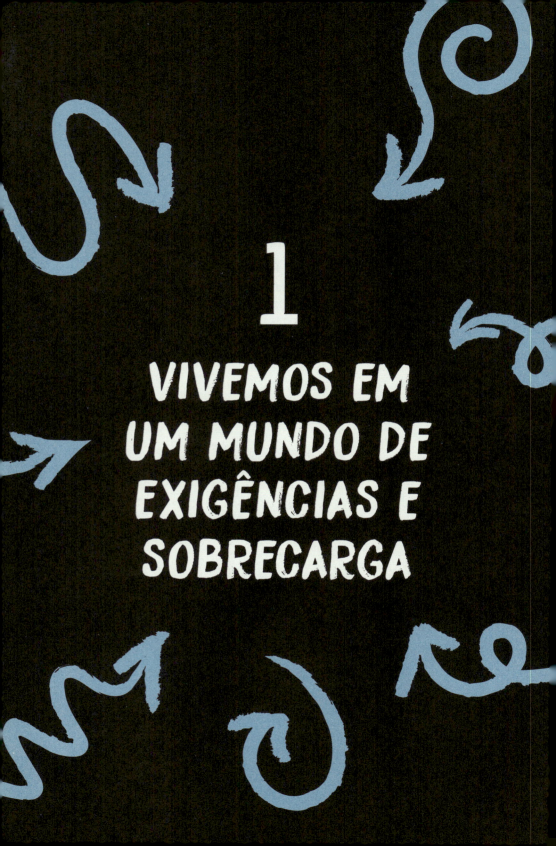

1
VIVEMOS EM UM MUNDO DE EXIGÊNCIAS E SOBRECARGA

Vivemos em um mundo cada vez mais exigente e acelerado, sendo constantemente bombardeados por demandas e expectativas. No trabalho, em casa ou na vida social, parece que sempre há algo que requer a nossa atenção e o nosso esforço máximo. Essa pressão constante pode ser esmagadora e nos levar a questionar se estamos realmente dando tudo o que temos. Afinal, como podemos nos esforçar ao máximo quando parece que há sempre mais e mais a ser feito?

Essa sensação de sobrecarga não é apenas uma impressão. Dados recentes indicam que os níveis de estresse e ansiedade da população mundial estão em constante ascensão.[1] A Organização Mundial da Saúde (OMS) estima que até 2030 a depressão será a principal causa de incapacidade no mundo, superando problemas cardiovasculares e outras condições físicas.[2] Estudos apontam que o burnout, definido como um estado de esgotamento mental e físico causado pelo estresse crônico no ambiente de trabalho, afeta uma parcela crescente da população. De acordo com um relatório do Ministério Público

---

1 CARVALHO, R. Por que o Brasil tem a população mais ansiosa do mundo. **BBC Brasil**, 27 fev. 2023. Disponível em: https://www.bbc.com/portuguese/articles/c4ne681q64lo. Acesso em: 12 nov. 2024.

2 BBC BRASIL. Depressão será a doença mais comum do mundo em 2030, diz OMS. **BBC Brasil**, 2 set. 2009. Disponível em: https://www.bbc.com/portuguese/noticias/2009/09/090902_depressao_oms_cq. Acesso em: 12 nov. 2024.

do Trabalho (MPT) e da International Labour Organization (ILO), o total de auxílios-doença por depressão, ansiedade, estresse e outros transtornos mentais e comportamentais relacionados ao estresse no trabalho aumentou 30% entre 2019 e 2020.[3]

O que está impulsionando essa crise? Em parte, o avanço tecnológico, que deveria ajudar a simplificar a nossa vida, tem se tornado uma fonte constante de distração e pressão. A proliferação de smartphones e a conectividade permanente criaram um ambiente hipercompetitivo e hiperconectado, no qual somos a todo tempo expostos a comparações e à ideia de um ideal de felicidade que pode ser difícil de alcançar.

As redes sociais, em especial, perpetuam uma imagem irreal de felicidade e perfeição, na qual somos incentivados a acreditar que podemos (e devemos) estar sempre no controle, sempre performando, sempre felizes.

Por exemplo, brasileiros passam em média três horas e quarenta e cinco minutos por dia nas redes sociais, o que os coloca entre os maiores usuários dessas plataformas no mundo.[4] Esse tempo navegando nas vitrines digitais de outras pessoas alimenta a falsa percepção de que a vida alheia é sempre mais interessante e bem-sucedida.

---

3 ORGANIZAÇÃO INTERNACIONAL DO TRABALHO. Série SmartLab de Trabalho Decente: gastos com doenças e acidentes do trabalho chegam a R$ 100 bi desde 2012. **OIT**, 24 abr. 2021. Disponível em: https://www.ilo.org/pt-pt/resource/news/serie-smartlab-de-trabalho-decente-gastos-com-doencas-e-acidentes-do. Acesso em: 12 nov. 2024.

4 DUARTE, F. Brasil é 'vice' em tempo gasto em redes em ranking dominado por 'emergentes'. **Folha de S.Paulo**, 6 set. 2019. Disponível em: https://f5.folha.uol.com.br/nerdices/2019/09/brasil-e-2o-em-ranking-de-paises-que-passam-mais-tempo-em-redes-sociais.shtml. Acesso em: 12 nov. 2024.

As redes sociais, com filtros e edições cuidadosas, criam uma ilusão de perfeição que distorce a realidade e desperta a crença de que estamos ficando para trás, de que não somos suficientes.

Esse constante ciclo de comparação pode gerar um sentimento profundo de fracasso e inadequação, já que a realidade da vida cotidiana raramente corresponde às imagens impecáveis e idealizadas que vemos on-line. O resultado é um impacto negativo na autoestima e na saúde mental, com sentimentos de ansiedade e depressão, além da busca incansável por uma perfeição inatingível.

No campo profissional, as coisas não são diferentes. O mercado de trabalho global está mais competitivo do que nunca. Empregadores exigem cada vez mais habilidades diversificadas, enquanto trabalhadores lidam com uma carga crescente de responsabilidades e expectativas de entrega. Essa competição não atinge apenas os profissionais de alto nível, já que trabalhadores de todos os setores, de operários a gerentes, sentem a pressão por resultados mais rápidos, mais eficientes e com menos margem para erro.[5]

Além disso, a incerteza econômica, agravada por eventos globais como crises financeiras, pandemias e mudanças climáticas, adiciona mais uma camada de estresse. Muitas pessoas se sentem forçadas a trabalhar mais horas, assumir múltiplos empregos ou buscar novos níveis de qualificação apenas para manter a própria relevância no mercado.

---

5 MANYIKA, J. *et al.* O futuro do mercado de trabalho: impacto em empregos, habilidades e salários. **McKinsey Global Institute**, 28 nov. 2017. Disponível em: https://www.mckinsey.com/featured-insights/future-of-work/jobs-lost-jobs-gained-what-the-future-of-work-will-mean-for-jobs-skills-and-wages/pt-BR. Acesso em: 12 nov. 2024.

O impacto dessa sobrecarga se reflete de maneira diferente em variados grupos sociais. Mães, por exemplo, enfrentam a dupla jornada, equilibrando as demandas da carreira e as expectativas da maternidade. Pesquisas mostram que a maioria das mulheres ainda carrega a maior parte das responsabilidades domésticas, mesmo quando também são a principal fonte de renda na família. Isso leva a um aumento significativo nos níveis de estresse, burnout e exaustão emocional.[6]

Estudantes também não estão imunes a essas pressões. Jovens universitários e adolescentes relatam níveis cada vez maiores de ansiedade devido às expectativas acadêmicas e à incerteza quanto ao futuro. O aumento nas taxas de suicídio entre adolescentes é um reflexo trágico desse peso insuportável de fazer entregas impecáveis.[7]

E o que dizer dos empreendedores? Muitos acreditam que abrir o próprio negócio é o caminho para a liberdade e o sucesso. No entanto, a realidade para a maioria dos empresários é uma jornada repleta de desafios inesperados, longas horas de trabalho e, muitas vezes, uma sensação de isolamento. Eles carregam o peso de fazer tudo funcionar, desde a gestão financeira até o atendimento ao cliente, muitas vezes sem o suporte de uma equipe robusta. Essa

---

6 JORNAL DA USP. Mulheres estão sobrecarregadas de obrigações, mais ansiosas e insatisfeitas. **Jornal da USP**, 14 nov. 2023. Disponível em: https://jornal.usp.br/radio-usp/mulheres-estao-sobrecarregadas-de-obrigacoes-mais-ansiosas-e-insatisfeitas. Acesso em: 12 nov. 2024.

7 COUTINHO, L. G.; GURSKI, R. Saúde mental na universidade: ansiedade, desânimo e outras questões emocionais afligem maioria de estudantes no Brasil. **The Conversation**, 29 maio 2024. Disponível em: https://theconversation.com/saude-mental-na-universidade-ansiedade-desanimo-e-outras-questoes-emocionais-afligem-maioria-de-estudantes-no-brasil-229773. Acesso em: 12 nov. 2024.

pressão contínua pode levar ao esgotamento do profissional e, em alguns casos, ao fracasso do negócio.

Especialmente em economias emergentes, como o Brasil, empreendedores enfrentam desafios ainda mais profundos. A promessa de liberdade que o empreendedorismo oferece é rapidamente confrontada com a realidade de ambientes voláteis de negócios, burocracias extensas e mercados competitivos. No Brasil, o índice de mortalidade de pequenas empresas nos primeiros cinco anos é alarmante, com cerca de 30% dos negócios fechando as portas dentro desse período, segundo o Serviço Brasileiro de Apoio às Micro e Pequenas Empresas (Sebrae).[8] Esses empreendedores são pressionados a tomar decisões rápidas e eficazes, bem como lidar com mudanças no cenário econômico e ainda cultivar uma visão inovadora que os mantenha competitivos.

Adicionalmente, a falta de suporte institucional e a escassez de investimentos tornam o caminho ainda mais difícil para pequenos e médios empreendedores. Muitos acabam trabalhando mais do que se estivessem em empregos tradicionais, porém sem o suporte de uma estrutura corporativa, o que frequentemente leva ao burnout e à falência dos negócios. A responsabilidade de liderar uma companhia sem a "segurança" de um salário fixo, equilibrando expectativas de clientes, fornecedores e empregados é um fardo que muitos empreendedores carregam sozinhos.

---

8 SEBRAE. Três em cada 10 MEIs fecham as portas em até cinco anos de atividade no Brasil. **Agência Sebrae** 16 jul. 2021. Disponível em: https://agenciasebrae.com.br/economia-e-politica/tres-em-cada-10-mei-fecham-as-portas-em-ate-cinco-anos-de-atividade-no-brasil. Acesso em: 12 nov. 2024.

Além de todas essas dificuldades tradicionais, os empreendedores enfrentam uma nova pressão com o avanço acelerado da era digital. A transformação digital não é apenas uma oportunidade de crescimento, mas também uma obrigação para quem deseja se manter competitivo. A presença on-line se tornou indispensável, e muitos empreendedores se sentem forçados a adaptar os negócios rapidamente para atender às demandas de um público que está cada vez mais conectado.

Essa pressão de estar constantemente visível nas redes sociais, nas plataformas de e-commerce e em ferramentas digitais gera um novo nível de sobrecarga. A necessidade de produzir conteúdo relevante, manter uma imagem de sucesso e ao mesmo tempo gerir todas as outras demandas operacionais cria um ciclo que consome o tempo e a energia dos empreendedores, muitas vezes os levando a um estado de exaustão e frustração.

A falta de preparo para lidar com as novas ferramentas tecnológicas, combinada com a expectativa de crescimento rápido que a internet promove, resulta em um cenário de constante tensão. As comparações com concorrentes que aparentemente estão prosperando on-line também amplificam a sensação de fracasso para aqueles que ainda estão tentando se adaptar ao mundo digital. Essa nova realidade exige as habilidades tradicionais de negócios, mas também uma curva de aprendizado em marketing digital, *branding*, análise de dados e outras áreas que muitas vezes não fazem parte da formação de muitos empresários.

Ainda que o empreendedorismo seja de fato um caminho para a independência financeira – no que eu acredito fielmente –, a realidade é que sem planejamento adequado, acesso a recursos estratégicos e suporte, o risco de esgotamento físico e mental é uma ameaça constante.

24   Cada minuto importa

Se analisarmos a história, podemos perceber como o ritmo de vida mudou drasticamente nas últimas décadas. Os nossos avós tinham uma vida mais linear, com menos distrações e uma divisão mais clara de trabalho e lazer. Hoje, essa linha está praticamente apagada. Vivemos em um mundo onde estar sempre disponível é a norma, com demandas profissionais invadindo a nossa casa em e-mails e notificações, sobretudo entre os empreendedores. O tempo de descanso, que deveria ser sagrado, foi tomado por uma cultura de produtividade incessante.

Essa mudança de paradigma gerou uma cultura de desempenho em que o valor de uma pessoa está frequentemente atrelado a quanto ela consegue produzir. A pressão para alcançar a excelência em todas as áreas – no trabalho, na vida familiar e no convívio social – se tornou um tipo de escravidão moderna. Não importa quanto você faça, sempre há a sensação de que deveria estar fazendo mais.

O que está em jogo não é apenas a produtividade, mas também a sua saúde mental, física e emocional. O custo de viver nesse estado contínuo de alerta é enorme. O corpo e a mente têm limites e, quando esses limites são ignorados, as consequências podem ser graves. O aumento nos diagnósticos de depressão, transtornos de ansiedade e burnout é um sinal claro de que estamos no limite da nossa capacidade humana. Ao ignorar os sinais de que algo está errado, muitas pessoas acabam em um ciclo de exaustão e recuperação que nunca resolve a verdadeira causa do problema: um mundo que exige mais do que qualquer pessoa pode dar.

Esse é o cenário em que vivemos hoje. Estamos imersos em um mundo acelerado, onde as pressões externas parecem intermináveis e o tempo é escasso. Você, leitor, assim como muitos profissionais e empreendedores, sente o impacto direto dessas exigências. É neste contexto que o propósito deste livro se destaca: oferecer uma alternativa, uma saída estratégica e eficaz.

Não se trata de criar atalhos nem de buscar resultados milagrosos, e sim de trilhar um caminho comprovado que equilibre performance de alta qualidade e bem-estar pessoal. Há um meio de alcançar o sucesso profissional sem sacrificar o que mais importa: saúde, relacionamentos e propósito de vida. Ao longo dos próximos capítulos, vamos desconstruir essas barreiras que muitas vezes nos aprisionam – sociais, culturais ou impostas por nós mesmos. E, mais importante, vamos aprender a reconstruir uma jornada mais equilibrada, saudável e, acima de tudo, sustentável.

Buscar esse equilíbrio não significa que o caminho será fácil ou livre de desafios. No entanto, o conhecimento e as ferramentas compartilhados neste livro podem transformar a sua perspectiva. Ao aplicar as práticas que vou apresentar, você será capaz de romper o círculo vicioso de esgotamento e estresse e alcançar um novo tipo de sucesso, que inclui tanto o crescimento profissional quanto o bem-estar integral. Essa abordagem pode ser libertadora para empreendedores que, muitas vezes, se descobrem atolados em demandas operacionais e emocionais.

O sucesso não precisa custar a sua saúde mental, e, com este livro, eu pretendo mostrar que é possível construir uma carreira e um negócio robustos sem que isso custe o que verdadeiramente importa para você.

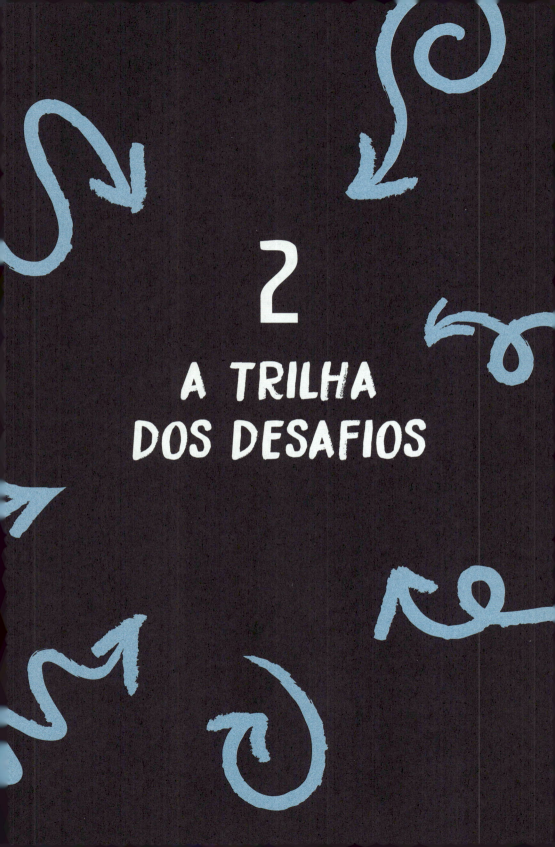

Sei que você está lidando com uma pressão intensa e que, às vezes, parece que o mundo à sua volta não dá trégua. A verdade é que a realidade para muitos de nós hoje é um verdadeiro campo de batalha, no qual as expectativas estão sempre acima do que é possível alcançar. Talvez por isso você sinta a necessidade de ser sempre o melhor em tudo que faz, seja no trabalho, seja na vida pessoal. Pode ser que você esteja fazendo horas extras no seu escritório, sacrificando momentos preciosos com a sua família e, mesmo assim, ainda seja perseguido por aquela sensação de que nada é suficiente.

Eu sei que você está enfrentando desafios. O mundo moderno é um turbilhão de demandas e expectativas que podem parecer esmagadoras. É possível que você esteja lutando para equilibrar as responsabilidades do trabalho e da vida pessoal ou se sinta constantemente sobrecarregado e incapaz de atender às expectativas. Esses percalços podem deixar você exausto e desmotivado, fazendo-o questionar o próprio valor e a capacidade de fazer a diferença. Pode parecer, inclusive, que você está preso em um ciclo interminável de demandas, sem tempo nem energia para perseguir os seus próprios objetivos e as suas paixões.

Você já sentiu como se estivesse correndo em uma esteira ergométrica que nunca para? A cada meta alcançada, surge uma nova, e esse ciclo parece não ter fim.

Napoleon Hill, autor de *Pense e enriqueça*[9] e tantos outros livros que guiaram a minha trajetória até aqui, descreve esse círculo vicioso

---

9 HILL, N. **Pense e enriqueça**: a versão original, restaurada e revisada. Rio de Janeiro: Sextante, 2020.

como uma "corrida dos ratos", em que as pessoas ficam presas em um loop constante de trabalho e esforço, sem alcançar a verdadeira realização. Isso porque a maioria de nós passa a vida correndo atrás de metas externas – dinheiro, status, aprovação – sem nunca parar para refletir sobre o que realmente importa.

Mesmo com todos os esforços, a sensação de não estar à altura das expectativas permanece, como se sempre houvesse algo mais a ser feito. Essa pressão incessante drena a energia e afeta o bem-estar emocional e mental. Aposto que, muitas vezes, você se sente exausto, não apenas física, mas também emocionalmente.

Talvez você se reconheça como alguém que coloca a felicidade dos outros em primeiro lugar, negligenciando as suas próprias necessidades. Talvez você se sinta pressionado a manter um relacionamento perfeito (profissional, amoroso, social), mesmo quando as coisas não estão bem.

A pressão para sermos perfeitos em todos os momentos e para termos sucesso em todas as áreas da vida é constante e pode ser esmagadora, mas a verdade é que a perfeição é um mito, uma ilusão que nos afasta da felicidade e da realização pessoal. Ao buscarmos essa meta inalcançável, negligenciamos os nossos relacionamentos, sacrificamos a nossa autenticidade e, muitas vezes, comprometemos a nossa saúde mental e emocional. É hora de tirarmos esse peso das costas e aprendermos a celebrar todas as nossas conquistas, por menores que sejam.

Se você está buscando o sucesso, talvez já tenha sacrificado noites de sono, fins de semana e momentos preciosos com a sua família – tudo para atingir as metas que foram impostas a você. Pode ser que você esteja agora mesmo lutando para equilibrar todas essas responsabilidades e sinta que, ao fim de cada dia, parece que o fardo apenas aumenta. Aquela satisfação que você esperava sentir quando atingisse determinado objetivo muitas vezes se perde em meio a novas pressões.

E isso não acontece apenas no trabalho. Na vida pessoal também há desafios semelhantes. Talvez você se sinta culpado por não estar dedicando tempo suficiente às coisas que realmente ama, como os seus hobbies, as suas paixões e até mesmo a convivência com as pessoas que mais importam para você. Talvez, ao tentar ser o melhor em tudo, você tenha negligenciado o que antes trazia alegria e equilíbrio à sua vida.

Diante disso, quero que você saiba que esses desafios não são intransponíveis; eles são oportunidades para crescimento e autoaperfeiçoamento. Cada obstáculo que você enfrenta é uma chance de aprender algo novo sobre si mesmo e sobre o mundo ao seu redor, pois eles forçam você a reavaliar as suas prioridades e a refletir sobre o que realmente importa para você. Ao enfrentar esses desafios, você pode começar a entender melhor os seus próprios valores e propósitos e como pode alinhá-los com as suas ações diárias.

Eu acredito que é possível ter sucesso sem sacrificar a saúde, os relacionamentos e o bem-estar. No entanto, isso exige uma mudança de mentalidade. Precisamos aprender a lidar com as pressões externas de uma maneira que não comprometa a nossa essência. Precisamos reconhecer que o sucesso verdadeiro não vem apenas de alcançar metas externas, e sim de viver de acordo com os nossos princípios e as nossas prioridades.

Portanto, se você sente que está preso em um ciclo interminável de demandas e de expectativas, quero que saiba que há uma saída. Existe um caminho que pode levar você ao equilíbrio, à alta performance e, o mais importante, à realização pessoal. Este livro é o início dessa jornada. Vamos juntos desconstruir essas barreiras, descobrir o que realmente importa e começar a construir uma vida que seja verdadeiramente alinhada com os seus valores e o seu propósito.

3
A ILUSÃO DO SUCESSO E O PREÇO DA MODERNIDADE

A essa altura, você já deve estar se perguntando: "Por que essas dificuldades que parecem me perseguir não desaparecem?". A resposta, em grande parte, está no ambiente em que você vive e nas circunstâncias que o rodeiam. As pressões do dia a dia não surgem do nada, já que elas são o resultado de um sistema que incentiva a busca constante por mais – mais produtividade, mais sucesso, mais reconhecimento – e que, ao mesmo tempo, o coloca em situações que minam a sua energia e a sua autoconfiança.

O ambiente em que você está e as pessoas com quem interage influenciam diretamente a sua percepção, o seu comportamento e até mesmo as suas realizações. Ambientes positivos, com apoio e estímulo, podem impulsionar a produtividade e inspirar você a se esforçar mais nas suas próprias atividades e objetivos. Na mesma medida, ambientes tóxicos, competitivos e desprovidos de suporte fazem exatamente o oposto: sugam a sua energia e fazem você se sentir insuficiente.

Já parou para pensar em como a cultura do individualismo e a pressão social afetam a maneira como você vive? Aposto que desde muito jovem você foi incentivado a acreditar que deve ser autossuficiente e que pedir ajuda é um sinal de fraqueza. Com o avanço da tecnologia, o ritmo de vida se tornou mais acelerado do que nunca, por isso você está constantemente conectado e acessível, o que cria uma expectativa de resposta e produtividade que nunca termina.

A ideia de se desconectar parece impossível, e isso só aumenta a sensação de sobrecarga.

A combinação de fatores como a cultura do imediatismo, a mentalidade de escassez, a pressão social, o avanço da tecnologia e a intensificação do ritmo de vida contribui para a sensação de sobrecarga e a busca incessante pela perfeição. É fundamental que você descubra e compreenda as raízes desses problemas, para que possa encontrar soluções eficazes e construir uma vida mais equilibrada e significativa. Se você estiver sempre tentando corresponder ao padrão de perfeição que é imposto, vai acabar sacrificando a sua autenticidade e, muitas vezes, a sua saúde mental.

E não se trata apenas do ambiente externo. Muitas vezes, o ambiente interno – a sua própria mentalidade e as suas crenças – contribui para o aumento dessa pressão. Além disso, a todo momento você está sendo condicionado a acreditar que o seu valor está ligado a quanto você consegue produzir ou conquistar. Isso leva a um ciclo de autoexigência e à eterna insatisfação. A cultura de "sempre estar fazendo mais" se tornou uma armadilha que aprisiona muitos de nós.

As redes sociais, como discutimos anteriormente, intensificam esse sentimento porque apresentam uma versão editada da realidade, na qual todos parecem estar vivendo uma vida perfeita e alcançando objetivos com facilidade. O que você muitas vezes não vê, porém, são os desafios e as lutas que essas mesmas pessoas enfrentam. Isso cria um contraste brutal com a sua própria realidade e gera uma sensação de inadequação e fracasso.

Essa desconexão entre a realidade e a "vitrine digital" consumida todos os dias afeta profundamente a autoestima. Ao se comparar com uma versão idealizada de sucesso e felicidade, você sem querer se esquece de que todos enfrentam dificuldades e que isso é parte do processo de crescimento.

O PROBLEMA, ENTÃO, NÃO ESTÁ EM VOCÊ, E SIM NO SISTEMA QUE FAZ VOCÊ ACREDITAR QUE DEVE SER PERFEITO O TEMPO TODO.

Além disso, há o impacto das relações interpessoais. Muitas vezes, as expectativas que outras pessoas colocam sobre você – familiares, amigos, colegas de trabalho – aumentam ainda mais essa carga. Você quer corresponder às expectativas de todos, mas acaba perdendo de vista o que realmente importa. Essa desconexão entre o que queremos para a vida e o que sentimos que devemos alcançar para agradar os outros é uma das maiores causas de frustração e esgotamento.

Na tentativa de agradar aos outros existe um fator determinante e essencial: a pressão dos pais, que pode ser silenciosa ou muito barulhenta – em qualquer caso, é absolutamente marcante na mentalidade de qualquer pessoa. Isso porque na maioria das vezes nós carregamos as expectativas, os sonhos e as frustrações dos nossos pais incutidos no nosso subconsciente, o que agrava ainda mais a pressão que sentimos ao "romper a barreira" do comum, do trivial, e tomar decisões que podem ser disruptivas para nós e para toda a família.

Ao entender que esses fatores externos influenciam diretamente a sua percepção e o seu comportamento, você pode começar a tirar o peso das suas costas. Reconhecer que essas dificuldades não são resultado de uma falha pessoal, e sim de um ambiente projetado para manter você sempre buscando mais, é o primeiro passo para alterar essa realidade. Ao mudar o ambiente interno e o externo – físico, mental, social –, é possível reverter os efeitos negativos que eles têm gerado na sua vida.

A causa do seu cansaço e da sua frustração não está apenas relacionada à falta de esforço, de conhecimento ou de habilidade; está também na sua mentalidade, no seu ambiente, na sua maneira de ver e viver o mundo. A boa notícia é que você pode tomar o controle dessas influências e começar a criar um ambiente mais saudável e alinhado com os seus valores e objetivos.

Um fato muito marcante na minha vida, que está relacionado com o ambiente interno, aconteceu quando joguei no Catar. Os jogadores de lá eram ruins, não treinavam, não se sacrificavam, e muitos eram totalmente amadores. Como eu me destacava, os líderes do time gostavam bastante de mim e queriam me contratar por quatro anos seguidos.

Em um dos jogos, o outro time me marcou muito bem e armou jogadas que me anularam durante toda a partida. Aquilo abalou a minha força emocional, porque eu simplesmente não conseguia jogar, o que me fez perder o controle. Assim que o jogo acabou, transtornado, passei por baixo da rede e estava pronto para dar um soco em um dos adversários que estavam me perturbando – foi quando alguém segurou a minha mão. Ao retornar para o hotel, os líderes já estavam à minha espera, para me demitir. Eu havia infringido uma regra inegociável para eles.

Então, no dia seguinte, precisei voltar para casa. A contratação estava encerrada, e eu havia perdido uma das maiores oportunidades que tive em toda a minha vida. A falta de controle emocional me impediu de mudar a minha realidade e a da minha família.

Levei anos para retirar de dentro de mim o sentimento de culpa por ter perdido algo que demorei tanto para construir, por falta de autocontrole do meu ambiente interno, ou seja, das minhas emoções. Passei anos desenvolvendo a minha performance física, para perder tudo por não ter desenvolvido a performance emocional adequada.

Foi naquele momento que entendi que a inteligência emocional ia muito além de ter foco e determinação. Entendi quanto era importante e necessário desenvolver o controle dos meus sentimentos e das minhas emoções. A partir dali, estudei muito e comecei a praticar de modo radical essa realidade na minha vida. O ambiente do Catar me ensinou que o reconhecimento só vem com a vitória, não importando a performance nem o grau de desempenho aplicado. Viver aquela experiência me mostrou que eu ainda não havia formado o meu controle emocional.

O controle emocional não é absoluto, ele precisa ser trabalhado diariamente. Naquela época, eu não tinha essa consciência, e as minhas emoções ainda me dominavam. O ambiente de estresse absoluto e a falta de reconhecimento e apoio dos demais membros do time, que muitas vezes sequer apareciam para o treino, deixavam as minhas emoções ainda mais frágeis e instáveis. Eu estava sendo emocionalmente bombardeado e me sentia a ponto de explodir, e isso realmente aconteceu naquele jogo em que tudo foi por água abaixo.

Com isso, aprendi a me posicionar sem expressar agressividade e ultrapassar os limites sociais. Isso somente foi possível por meio do autocontrole. Passei a treinar isso em todas as situações, inclusive em uma simples "fechada" no trânsito. Aos poucos, esse treino foi me capacitando e me dando suporte para lidar com as situações mais difíceis. Hoje, eu treino todos os dias para não perder jamais a prática do autocontrole. E você vai fazer o mesmo.

O primeiro passo para isso é se conhecer e se reconhecer. Quando você começa a identificar os gatilhos que aumentam a sua ansiedade e a sua sobrecarga, fica mais fácil tomar decisões para evitar ou modificar esses ambientes (repito: o interno e o externo). Isso pode significar mudar as suas interações, ajustar os seus limites pessoais e até mesmo repensar a maneira de se relacionar com o trabalho e de lidar com as expectativas externas.

Para isso, quero que você entenda que já tem tudo que é necessário para sair desse círculo vicioso, romper essa barreira ilusória de sucesso, deixar de sentir essa pressão que o seu subconsciente criou para você e se libertar dessas dores. Ao fazer isso, você construirá a base para uma vida mais equilibrada e significativa.

4
QUAIS SÃO AS CHAVES PARA A VITÓRIA?

A verdadeira mudança começa de dentro para fora. Você não pode controlar o mundo ao seu redor, mas pode controlar como reage a ele. Ao fortalecer o seu mundo interior, você se torna imune às tempestades do mundo exterior. Não importa quão desfavorável seja a situação, o grupo ou a pessoa, nada pode abalar você quando o seu mundo interior é forte.

A verdadeira vitória não está em conquistar o mundo exterior, mas sim em dominar o seu mundo interior, pois é lá que está a sua verdadeira força. Quando você entende as causas e as influências que o mantêm preso na famosa "corrida dos ratos" e em um ciclo de sobrecarga e insatisfação, é hora de encontrar a solução.

Eu não estou aqui para apresentar atalhos fáceis ou soluções mágicas, pois já adianto: não existe a tão esperada "bala de prata". Você precisa de um caminho consistente e sólido, que o leve a uma transformação real baseada em mudanças internas profundas e sustentáveis. Este é o momento de reestruturar a sua mentalidade e construir um sistema de suporte interno que o torne resistente às pressões externas.

Eu pude experimentar muito de perto a força de um ambiente quando a minha família se mudou do barraco para um apartamento que o meu pai havia ganhado. Naquela época, eu jogava futebol e, devido à minha altura (aos 12 anos eu já tinha quase 2 metros), ficava na posição de goleiro. Com essa mudança, precisei fazer um novo caminho até o campo de futebol e passei em frente a uma quadra de vôlei.

A minha altura chamou a atenção do técnico, que me convidou para jogar no time. Apesar de relutar um pouco, acabei aceitando. Enxerguei ali uma possibilidade de sair do ambiente em que eu estava e decidi levar o esporte a sério. Aquele convite representava uma fuga da escassez que era a minha vida.

O treinador do time de vôlei disse que os treinos começavam às 9 da manhã, mas que para mim começariam às 5h30. Na segunda-feira, às 4h30, eu já estava na porta da quadra. Desde muito jovem, eu tenho o hábito de chegar antes em tudo que me proponho a fazer. Esta foi uma das lições que aprendi muito cedo: antecipar-se faz você evitar qualquer problema.

Todos os jogadores do time eram muito habilidosos, enquanto eu tinha um péssimo desempenho. Normalmente, as crianças começam a jogar vôlei com 8 ou 9 anos, e eu estava próximo de completar 13. Aquilo me motivou a tomar a decisão de diminuir essa desvantagem. Eu precisava vencer o tempo e acelerar, então passei a chegar mais cedo e a treinar mais tempo que os outros jogadores. Eu praticamente passava o dia todo naquele ambiente, e foi dessa maneira que percebi o poder da ambiência.

Em um ambiente como aquele, cada gota de suor derramada era uma lição, cada desafio era uma oportunidade e cada vitória era uma conquista que me inspirava a buscar sempre mais. Estar em um ambiente desafiador, de crescimento, me ajudava a ficar mais forte, a resistir por mais tempo.

Entretanto, tão importante quanto o ambiente externo é o ambiente interno, porque somente ele, na sua mente firme e determinada, poderá livrar você de ser contaminado por um ambiente externo ruim. **O ambiente não é o responsável pela sua mudança: você é!**

Quando desenvolve um ambiente interno sadio, você adquire a capacidade de não ser dominado pelo caos ao redor. O ambiente externo pode ser desfavorável, mas, se tiver raízes internas sólidas, você será capaz de manter a sua essência e a sua verdade inabaláveis. **Esse fortalecimento interno começa com a adoção de uma mentalidade de crescimento e abundância.**

Muitas pessoas estão presas a uma mentalidade de escassez, acreditando que os recursos são limitados, que o sucesso é para poucos e que elas não têm o necessário para prosperar. No entanto, a mentalidade de crescimento ensina que as nossas capacidades podem ser desenvolvidas, que o sucesso é acessível a todos e que cada fracasso é apenas uma oportunidade para aprender e crescer. Quando você adota essa mentalidade, a sua visão de mundo se expande e você começa a enxergar possibilidades em vez de obstáculos.

Só que a mudança de mentalidade também não acontece do dia para a noite. Somente com muito treinamento e muita repetição mental você conseguirá romper o comodismo do seu subconsciente, remover as raízes que cresceram na sua mente até agora e plantar novas sementes de mentalidade. A partir de então, terá que regar diariamente essas sementes para que germinem, cresçam e deem os frutos de uma mentalidade forte, resistente e de absoluto crescimento, que abomina qualquer pensamento negativo, escasso ou infrutífero.

Essa mudança interna, essa reconstrução, precisa ser ancorada em um **autoconhecimento** profundo. Só é possível fortalecer o seu ambiente interno quando você conhece as suas forças, as suas fraquezas, os seus medos e as suas motivações. Esse processo de autoconhecimento permite a libertação dos traumas e das limitações que impedem você de avançar. Muitas vezes carregamos fardos

Quais são as chaves para a vitória? **41**

emocionais e traumas que nos mantêm presos a padrões antigos de comportamento. Romper com esses traumas é determinante para que você eleve o seu nível de consciência e tenha clareza sobre quem realmente é e o que deseja alcançar.

Uma vez que você desenvolve essa autopercepção, é possível trabalhar na sua **autoconfiança**. A confiança não vem de atingir metas externas, e sim de conhecer profundamente as próprias capacidades e os próprios limites, pois ela permitirá que você enfrente os desafios do mundo sem que seja abatido por eles. O poder está em dominar o seu mundo interior, onde reside a sua força inabalável.

Como essa jornada não é apenas mental, mas também emocional, para que tudo isso funcione na prática, você precisa ter **objetivos claros e bem-definidos** para o futuro. Quando você não tem metas claras, acaba sendo levado pelas circunstâncias, apenas reagindo ao que a vida oferece, em vez de tomar decisões proativas. Ter um propósito bem-delineado orienta cada ação que você realiza, dando um sentido de direção e foco para que você não se perca em distrações.

Disciplina, então, é o próximo pilar fundamental. Muitas pessoas acreditam que disciplina é sinônimo de rigidez, mas na verdade ela é a chave para a liberdade. Quando você é disciplinado e tem controle sobre as suas ações e decisões, em vez de ser guiado por impulsos momentâneos ou pressões externas, a disciplina permite que você construa gradativamente o caminho em direção aos seus objetivos, dando passos consistentes.

Com frequência, me deparo com pessoas que têm muito potencial de alçar voos altíssimos na vida, mas se bloqueiam pela falta de disciplina. O senso de imediatismo nos faz acreditar que fracassamos se executamos uma ação ou buscamos um objetivo por alguns meses e não temos bons resultados e é um dos fatores que mais nos prejudicam para alcançar resultados extraordinários.

Eu guardo comigo uma imagem que, em qualquer momento de dificuldade, me lembra da importância de seguir, persistir e não deixar de ter disciplina: Michael Phelps, o maior nadador do mundo, revelou que treinou todos os dias do ano durante os períodos de preparação para as cinco olimpíadas das quais participou,[10] tendo se tornado o maior medalhista olímpico de todos os tempos e conquistado 28 medalhas olímpicas no total, sendo 23 de ouro.

Se Phelps, que é o maior medalhista olímpico de todos os tempos, chegou a esse posto treinando todos os dias durante vários anos, cumprindo cada ciclo olímpico com excelência e em altíssima performance, como você acredita que pode ter resultados trabalhando em prol dos seus objetivos em menos de quatro anos? Isso é o mais absoluto imediatismo!

É aqui que entram **a constância e a consistência**. Nenhuma mudança real acontece da noite para o dia. Se disserem a você que existe uma fórmula especial para isso, desconfie. O sucesso e a transformação pessoal requerem tempo e dedicação contínuos. A constância é o que diferencia aqueles que têm sucesso daqueles que desistem. É manter-se firme, mesmo quando os resultados não aparecem imediatamente. É respeitar e confiar no processo.

Ao longo deste livro, compartilharei com você as ferramentas e as estratégias que ajudaram a transformar a minha vida e a vida

---

10 BERTÃO, N. 5 lições de Michael Phelps que podem te ajudar a ser bem--sucedido. **Valor Investe**, 6 jul. 2019. Disponível em: https://valorinveste.globo.com/objetivo/empreenda-se/noticia/2019/07/06/5-licoes-de-michael-phelps-que-podem-te-ajudar-a-ser-bem-sucedido.ghtml. Acesso em: 12 nov. 2024.

de centenas de pessoas que passaram pelos meus treinamentos. O método que você está prestes a conhecer é baseado em uma abordagem holística e prática que une o desenvolvimento de uma mentalidade de crescimento, o fortalecimento do seu ambiente interno e a aplicação de disciplina e consistência para que você alcance os seus objetivos de modo sustentável.

Esse método foi o que me levou de uma vida cheia de pressões e desafios a uma vida de equilíbrio, alta performance e, acima de tudo, realização. Quero que saiba que, assim como eu, você também pode alcançar o sucesso. Não importa em que ponto da sua jornada você esteja agora, a transformação é possível. Não é uma questão de sorte ou de circunstâncias externas; é uma questão de foco, ação e constância.

Agora que você está ciente de que a solução para os seus problemas está ao seu alcance, é hora de aprender a implementar essas mudanças na sua vida. Nos próximos capítulos, você conhecerá as ferramentas práticas para romper as suas barreiras pessoais, estabelecer o seu ambiente interno forte, adotar a mentalidade correta e definir o caminho para o sucesso que você merece conquistar.

5
SEJA UM INCONFORMADO

Desde a infância, eu sempre fui marcado pelo inconformismo. Eu era inconformado com a minha origem, com o ambiente ao meu redor, com as circunstâncias familiares e pessoais em que eu vivia. Ao longo dos anos, essa inquietude se tornou a minha grande força, o que me motivou e me impulsionou a buscar incessantemente algo mais, algo além do que o destino parecia ter reservado para mim.

Estarmos inconformados com a realidade desconfortável que vivemos nos impulsiona a buscar respostas externas e internas para que possamos viver uma vida com significado. Essa insatisfação pode ser um catalisador para o crescimento pessoal, incentivando-nos a desafiar as nossas próprias limitações e buscar novas possibilidades. Porém, na maioria das vezes, estamos presos na nossa zona de conforto, onde nos sentimos seguros e familiarizados com a rotina e as circunstâncias atuais. A zona de conforto nos deixa, literalmente, acomodados.

Quando a inconformidade toma conta, a oportunidade de transformação se apresenta. Como está a sua vida hoje? Você está plenamente satisfeito com os seus resultados pessoais, familiares e profissionais?

O primeiro passo para viver essa transformação é fortalecer o seu **ambiente interno**, porque apenas uma mente firme e determinada pode livrar você de ser contaminado por um ambiente externo desfavorável. Quando você constrói um ambiente interno robusto, ele se torna uma fortaleza contra as influências negativas.

A sua batalha será vencida quando você fizer o seu processo interno ser mais forte do que qualquer circunstância externa. Como fazer isso? Tudo começa com o **autoconhecimento**. É necessário desenvolver a capacidade de perceber o que é bom e o que é prejudicial, tanto no ambiente quanto nas pessoas ao seu redor. Para isso, é preciso cultivar o hábito da reflexão.

Pergunte-se constantemente:

- Isso me aproxima ou me afasta dos meus objetivos?
- Essa pessoa me traz energia ou me drena?

Essa prática ajuda a identificar o que deve ser absorvido e o que deve ser evitado.

O fortalecimento do ambiente interno também envolve o desenvolvimento de **autoconfiança**. Isso porque a confiança não surge do nada; ela é construída pela ação e pelo êxito em pequenos desafios. Então estabeleça metas diárias – pequenas, mas específicas – e trabalhe nelas com disciplina e consistência. Cada conquista reforça a sua capacidade de enfrentar desafios maiores. Nesse processo, use ferramentas como o planejamento e a preparação; porque quanto mais você se preparar, mais confiança terá nas suas decisões e ações.

Práticas como *to-do lists* (listas de tarefas) e técnicas de visualização podem ser extremamente eficazes. A visualização, por exemplo, é uma das molas propulsoras da nossa mente e tem o poder de gerar resultados extraordinários. A matriz de priorização também é útil para ajudar a focar as tarefas mais importantes e que trarão maiores resultados. Além disso, reservar um tempo diário para autorrevisão e reflexão, por meio de um diário ou de feedbacks periódicos, permite que você acompanhe o seu progresso, ajustando o que

Seja um inconformado **47**

for necessário para continuar evoluindo. Com essas ferramentas, a confiança será construída gradualmente, à medida que você avançar com segurança nas suas decisões e ações.

Como contei nos capítulos iniciais, a situação em que eu vivia na infância me gerava muitas perguntas e uma enorme vontade de mudar o meu destino e o de toda a minha família. O desconforto me transformou. As adversidades que vivi me tornaram muito persistente, resiliente e antifrágil. Quando, aos 15 anos, abri mão de viver com a minha família para ir em busca de um sonho, fui confrontado por uma realidade dura e desafiadora, e foi justamente esse desconforto que moldou a minha resiliência e a minha capacidade de superação desde muito cedo.

Esse é o tipo de inconformidade que quero gerar em você, mas no sentido positivo. Quero que você nunca se sinta satisfeito com a mediocridade ou com resultados medianos e sempre busque se desafiar e crescer, vendo uma oportunidade de crescimento em cada problema enfrentado. A cada obstáculo, tente descobrir mais sobre a sua verdadeira identidade e conhecer o alcance da sua capacidade. Na tentativa e no erro, na experimentação ou na reflexão, procure extrair lições valiosas de todas as situações, mesmo das mais difíceis. Você tem se desafiado a sair da sua zona de conforto?

Nesse processo, os problemas e o caos são fontes de aprendizado contínuo. "Como?", você pode estar se perguntando. Eu explico: problemas e situações caóticas são fontes valiosas de aprendizado porque nos desafiam a nos adaptarmos e a desenvolvermos resiliência.

Quando enfrenta dificuldades, você adquire novas habilidades ao aplicar diferentes técnicas para encontrar as soluções necessárias, ainda que isso aconteça de maneira inconsciente. Essas experiências promovem reflexão crítica, o que leva à análise do que deu errado e à busca de alternativas para que o problema não se repita. Nesse sentido, o caos também estimula a criatividade, forçando você a pensar "fora da caixa". Quanto mais desafiadora for a situação, mais ela estimulará você a agir de maneira inovadora.

A ideia de que toda dificuldade é uma oportunidade de aprendizado tem raízes antigas e foi estudada por diversos pensadores e educadores. Acredita-se que o filósofo francês Michel de Montaigne (1533–1592) tenha afirmado que "não são os problemas que enfrentamos, mas a nossa capacidade de superá-los que determina o sucesso". E é exatamente essa mentalidade que você precisa adotar a partir de agora.

Pare de achar que desafios são bloqueios e comece a aceitá-los como chances de crescimento. Esse conceito é tão antigo que certamente deve ter algum valor, então pare de interpretar as dificuldades e os desafios do seu caminho como pedras que atrapalham, como as circunstâncias da vida que não permitem que você avance, e comece a tratar os desafios como oportunidades para crescer e se fortalecer. Assim, você desenvolverá resiliência emocional e mental e passará a encontrar caminhos criativos e inovadores para as soluções de que precisa.

Aprender a lidar com a adversidade nos torna capazes de enfrentar desafios futuros com confiança e determinação. Quando você se torna um eterno inconformado com os seus resultados e decide se colocar em desconforto, os desafios passam a ser aliados da sua jornada. Você começa a conhecer a força incansável que existe no seu interior e que o blindará contra as adversidades externas, fortalecendo ainda mais o seu ambiente interno.

Essa mudança deve ser iniciada com a elevação do seu nível de consciência de si mesmo. Para isso, leia livros sobre autoconhecimento,

Seja um inconformado   **49**

silencie o barulho que vem do ambiente à sua volta e procure saber mais sobre você mesmo. Quais são as suas crenças enraizadas? Elas são crenças de crescimento, resiliência e determinação ou são crenças que bloqueiam e direcionam você a buscar sempre a opção mais segura, tradicional e esperada pela sociedade?

Aqui estão alguns dos livros mais recomendados para essa jornada de autoconhecimento e crescimento:

- *Mindset: a nova psicologia do sucesso* – Carol Dweck[11]
  Essa obra ajuda a entender a importância da sua mentalidade (mindset) no processo de sucesso, mostrando como a maneira de encarar os desafios pode afetar diretamente as suas conquistas.
- *Poder sem limites* – Tony Robbins[12]
  Esse livro revela ferramentas poderosas para a transformação pessoal, com enfoque em como usar o seu potencial para alcançar grandes resultados.
- *Antifrágil* – Nassim Taleb[13]
  Taleb introduz o conceito de antifragilidade, que eu particularmente adoro, mostrando como aprender com as

---

11 DWECK, C. S. **Mindset**: a nova psicologia do sucesso. São Paulo: Objetiva, 2017.

12 ROBBINS, T. **Poder sem limites**: a nova ciência do sucesso pessoal. Rio de Janeiro: BestSeller, 2017.

13 TALEB, N. N. **Antifrágil**: coisas que se beneficiam com o caos. São Paulo: Objetiva, 2020.

dificuldades e como se tornar mais resiliente, além de se beneficiar das adversidades.

- *Hábitos atômicos* – James Clear[14]

Nesse livro, você descobrirá como pequenas mudanças nos seus hábitos diários podem gerar um impacto profundo ao longo do tempo.

Talvez você também esteja se perguntando: "Como posso procurar saber mais sobre mim mesmo?". Sugiro algumas boas estratégias para isso:

- **Introspecção diária**: reserve um tempo todos os dias, de preferência antes de dormir (e longe das telas), mesmo que sejam apenas cinco minutos, para refletir sobre o seu dia, as suas reações e os seus sentimentos. Pergunte-se: "O que aprendi sobre mim hoje? Como posso melhorar a maneira como reagi a uma situação ou lidei com um desafio?". Talvez você conclua: "Hoje correu tudo bem". Então pense novamente. Mesmo que tenha sido um dia incrível, você teve sentimentos e reações. O que você pode aprender com esses sentimentos? É possível tirar ótimas lições de todas as situações, tanto das positivas como das negativas.
- **Conheça os seus pontos fortes**: faça testes para ajudar a identificar as suas principais características e os seus

---

14 CLEAR, J. **Hábitos atômicos**: um método fácil e comprovado de criar bons hábitos e se livrar dos maus. Rio de Janeiro: Alta Life, 2019.

pontos fortes a fim de potencializar o que você já tem de qualidades — e talvez ainda não saiba. Para isso, recomendo o livro *Descubra seus pontos fortes*, de Marcus Buckingham e Donald O. Clifton.[15]

- **Peça feedback de pessoas próximas**: às vezes, outros conseguem ver aspectos da sua personalidade e dos seus comportamentos que você não percebe. Peça feedback de colegas, amigos e familiares sobre as suas atitudes e habilidades, bem como de áreas de melhoria. Conhecer diferentes perspectivas sobre si mesmo pode ser revelador.

- **Medite e esteja 100% presente**: a meditação é uma ferramenta poderosa para silenciar o barulho do mundo externo e entrar em contato com o que está acontecendo dentro de você. A prática de mindfulness, que envolve estar totalmente presente no momento, também pode ajudar muito no seu autoconhecimento.

- **Escreva**: ao escrever, você pode explorar emoções e padrões de pensamento que talvez não fossem tão óbvios em outros momentos. Essa é uma prática poderosa para se conhecer cada vez melhor. Você não precisa escrever um livro, apenas registrar momentos importantes ou sentimentos que achar que são relevantes.

---

15 BUCKINGHAM, M.; CLIFTON, D. O. **Descubra seus pontos fortes**. Rio de Janeiro: Sextante, 2017.

Comece a pensar um pouco "fora da caixa". Uma das caixas mais comuns hoje é a cultural, na qual frequentemente somos colocados pelos nossos pais: devemos estudar, fazer faculdade, conseguir um emprego ou passar em um concurso (ocasião na qual você automaticamente já será considerado muitíssimo bem-sucedido) e então começar a vida: casamento, filhos, pós-graduação (quem sabe mestrado e doutorado), o mesmo emprego por anos e depois a tão sonhada aposentadoria. Eu desafio você a se perguntar se já não ouviu isso pelo menos uma vez de alguém da sua família ou do seu círculo social.

Não há nada de errado em escolher esse caminho. Porém, pense agora por outro lado: quantas pessoas iniciaram essa jornada que foi imposta de maneira velada pela sociedade ou pela família para descobrir, anos depois, que nunca foram felizes e realizadas nesse caminho? Quantas pessoas estudam durante anos para um concurso público para depois se sentirem miseráveis nessa posição e incapazes de buscar outro caminho, estimuladas pela falsa estabilidade que acreditam ter nesses cargos? Inúmeras!

Durante a sua jornada de autoconhecimento e desbloqueio da sua mentalidade, você perceberá o mundo de outro modo a partir do momento que adquirir uma consciência maior sobre a sua mente e os seus bloqueios. Perceberá que pode alcançar praticamente tudo na vida se tiver as ferramentas necessárias e um caminho claro para isso. Descobrirá que não precisa seguir padrões impostos pela família ou pela sociedade para alcançar a sua realização pessoal.

Se persistir nessa jornada de autoconhecimento, elevação da consciência e aprendizado contínuo, você naturalmente passará a se incomodar quando estiver em ambientes que o direcionem para um caminho contrário. Se sentirá desconfortável com pessoas

Seja um inconformado **53**

vitimistas, que apenas reclamam, porque você saberá que a chave para a mudança está em você, e não no governo, nas políticas públicas, no emprego... que é como essas pessoas certamente pensam.

De maneira prática, listo a seguir algumas ações para que você perceba, em tempo real, essa mudança na sua vida:

- **Busque o silêncio, a fim de se conhecer melhor:** o silêncio é uma das ferramentas mais poderosas para o autoconhecimento. Pode ser durante a meditação praticada ao acordar ou antes de dormir. O objetivo é se desconectar do barulho externo para ouvir o que está acontecendo dentro de você, refletir sobre as suas ações e escolhas. O silêncio ajuda a clarear a mente e a perceber os padrões de pensamentos e emoções que, muitas vezes, ficam camuflados na rotina diária, especialmente quando se está no "piloto automático".

- **Leia livros e estude autoconhecimento e desenvolvimento pessoal:** os livros são portas de entrada para novas perspectivas e ideias que podem ser transformadoras. Já sugeri alguns que foram transformadores para a minha jornada, e reforço a indicação, pois sei que transformarão a sua também. Não deixe de buscar novos conhecimentos por meio da leitura.

- **Mentalize diariamente quais mudanças busca fazer na sua vida, em todos os aspectos:** a visualização é uma prática poderosa. Dedique alguns minutos ao acordar e antes de dormir para visualizar as mudanças que deseja fazer e imagine-se já vivendo esses novos hábitos e mentalidades. A repetição diária dessa prática reforça a confiança e a clareza sobre os objetivos. Mentalizar permite que a sua mente comece a buscar as oportunidades para fazer essas mudanças acontecerem, alinhando as suas ações com os objetivos desejados.

- **Escreva cada uma dessas mudanças em um papel e visualize essa anotação diariamente:** registrar ideias no papel torna as mudanças mais tangíveis e ajuda a solidificar os seus compromissos com elas. Você pode fazer uma lista com as metas de curto, médio e longo prazo. Escreva também os sentimentos e os estados de espírito que você espera alcançar ao seguir essas mudanças. Coloque essa lista em um lugar visível, como na sua mesa de trabalho ou no espelho, para que, todos os dias, ao olhar para ela, você se lembre das suas intenções. A visualização diária é essencial para manter o foco e a motivação ao longo do tempo. E tem mais: não se importe com as críticas de quem não entender o motivo de você pregar lembretes nas paredes, por exemplo. Isso vai fazer a diferença na sua vida, eu garanto!

- **Busque pessoas e ambientes que impulsionam você, e não pessoas e ambientes que sugam a sua energia:** esteja atento às pessoas que você permite que fiquem ao seu redor. O ambiente e as pessoas influenciam profundamente a sua energia e motivação. Busque quem tem mentalidade de crescimento, que desafie você a ser melhor e que compartilhe dos seus valores. Evite espaços que drenem, cujo foco esteja na reclamação e na vitimização. Ao se conectar com pessoas que compartilham os seus objetivos e a sua visão, você potencializa o seu próprio crescimento e abre portas para novas oportunidades.

- **Seja um inconformado:** queira sempre mais. A inconformidade não é um simples desejo de mais, e sim a busca constante por evoluir, melhorar e atingir novos patamares. Não se contente com o mínimo, busque sempre ir além do esperado. Questione, reflita e busque alternativas. O inconformismo é o que mantém a chama acesa para você sempre se superar, porque ele é um motor de transformação. Lembre-se de que, quando desafia o *statu quo*, você está criando as condições para alcançar o extraordinário. Para isso, seja consistente e tenha disciplina, pois o inconformismo sem ação não gera resultados.

NA INCONFORMIDADE, ENCONTRAMOS O COMBUSTÍVEL PARA TRANSFORMAR DESAFIOS EM OPORTUNIDADES; NO DESCONFORTO, A MATÉRIA-PRIMA PARA FORJAR A NOSSA RESILIÊNCIA E A NOSSA DETERMINAÇÃO.

Pare de buscar culpados – e busque soluções

O modo como percebemos a nós mesmos e o mundo é determinante para a nossa realidade. Imagine que a sua visão sobre o mundo seja como olhar através de lentes. Quais são as lentes que você está usando?

Tenha sempre em mente que você é capaz de qualquer coisa, mas isso depende da maneira como está interpretando as circunstâncias. Você pode conquistar tudo que quiser, dependendo de como escolhe encarar o mundo. Se usar as lentes certas, positivas e cheias de esperança, as suas chances de sucesso aumentam.

Para que você entenda melhor o que quero dizer com isso, deixe-me dar um exemplo claro e clássico de uma mesma situação, porém vista com lentes diferentes.

João decidiu abrir uma pequena loja de artigos para celular. Para isso, investiu todas as economias que tinha na abertura da empresa: locação de ponto comercial, compra de estoque, entre outros gastos. Pouco tempo depois, as vendas já estavam baixas quando aconteceu o lançamento de um novo modelo de iPhone pela Apple. Como não tinha mais dinheiro guardado, João não dispunha de recursos para comprar capinhas para o novo modelo e não conseguiu sustentar as contas, o que causou o fechamento da loja. João encerrou a empresa e ficou com dívidas que deverá quitar depois.

Esta é a possível interpretação de João sob as lentes erradas:

"Se não fosse esse lançamento da Apple, eu teria vendido todas as capinhas, e a minha empresa estaria em outra situação. Eu poderia ter tido lucro se o aluguel não fosse tão caro. Não tenho mais o que fazer, porque hoje em dia todos compram pela internet. O meu negócio está fadado ao fracasso."

Seja um inconformado

Agora analise a interpretação de João pelas lentes certas:

"Não me capacitei o suficiente para conseguir vender mais e ter lucro no meu negócio, mas que bom que passei por essa situação, senão jamais teria aprendido a dirigir uma empresa. Se eu tiver mesmo que encerrar as atividades, vou buscar uma estratégia de liquidação do estoque a fim de conseguir levantar o recurso necessário para quitar as dívidas. Antes disso, vou estudar mais e pesquisar sobre a minha situação, para poder encontrar uma saída. Ainda que a Apple lance um novo modelo de iPhone, os modelos anteriores continuam no mercado, e, com certeza, com a estratégia certa, posso liquidar o meu estoque desses produtos para comprar estoque dos modelos novos. Vai dar certo! Eu sou capaz, e o único responsável pelos meus resultados!"

Você é o único responsável pelos seus resultados, ou seja, tudo o que você tem hoje é fruto das suas escolhas e decisões. Não importa de onde veio, o que importa agora é para onde você vai. Quanto mais rápido compreender isso, mais cedo entenderá o jogo e colherá resultados positivos.

Você é o estrategista no tabuleiro da sua vida, movimentando cada peça estrategicamente, estudando, se preparando, ouvindo, visualizando tudo com clareza e sem emoção, reconhecendo todas as possibilidades e tomando decisões com base na sua percepção. Se algo não aconteceu como o esperado, assuma a responsabilidade por isso e busque uma alternativa positiva. Não terceirize a responsabilidade em relação às suas ações, aos seus resultados e à sua realidade.

Autorresponsabilidade, autogerência e automotivação, independentemente de como queira chamar, são palavras-chave que ajudarão você a tomar as rédeas da sua vida! Explico:

- **Autorresponsabilidade** se refere à sua capacidade de assumir a responsabilidade pelas suas ações e decisões e pelas consequências geradas por elas. Isso implica o reconhecimento de que cada pessoa é responsável pela própria vida, pelas escolhas que faz e pelos resultados que alcança. Essa mentalidade promove um senso de empoderamento, permitindo que você controle as circunstâncias e busque mudanças positivas para a sua vida.
- **Autogerência** é a habilidade de gerenciar a si mesmo de maneira eficaz, incluindo a administração do tempo, o controle emocional e a capacidade de definir e atingir metas. Envolve o conhecimento necessário para planejar, organizar e tomar decisões que afetam a sua vida pessoal e profissional. Essa habilidade inclui a disciplina pessoal e a capacidade de lidar com a pressão e o estresse, permitindo que você mantenha um desempenho consistente e produtivo.
- **Automotivação** é o impulso interno que leva você a agir em direção aos seus objetivos, mesmo na ausência de recompensas externas ou incentivos. Ou seja, é a sua capacidade de se motivar sem depender de fatores externos, como reconhecimento e recompensas, e é fundamental para alcançar objetivos de longo prazo e para o desenvolvimento pessoal, pois sustenta o engajamento e a persistência em atividades desafiadoras.

Uma breve história sobre oportunidades

Gostaria de contar uma história que exemplifica como podemos reconhecer outras oportunidades em meio a desafios e crescer sem nos lamentarmos ou culparmos os outros.

Certo dia, um sábio mestre e um discípulo exploravam uma floresta quando avistaram um humilde sítio no horizonte, ao qual decidiram fazer uma breve visita. Durante o trajeto, o mestre compartilhou com o aprendiz a importância de aprender com as experiências, inclusive daqueles que mal conhecemos. Ao chegarem ao sítio, notaram a pobreza do lugar, que era habitado por um casal e três filhos, todos vestidos com roupas surradas.

O mestre indagou ao senhor da casa como eles conseguiam sobreviver naquela condição. O homem explicou que tinham uma vaquinha que fornecia leite. Parte do leite era vendida ou trocada por comida em uma cidade próxima, enquanto a outra parte era transformada em queijo e coalhada para consumo próprio, garantindo a subsistência da família. Agradecido, o sábio se despediu e partiu.

No meio do caminho, o mestre voltou-se para o discípulo e ordenou: "Aprendiz, leve a vaquinha até o precipício à frente e a lance de lá."

O jovem, perplexo, questionou a ordem, considerando que a vaquinha era a única fonte de sobrevivência daquela família. Diante do silêncio do mestre, ele acatou a diretriz, empurrando a vaquinha morro abaixo até vê-la perecer.

Anos depois, movido pelo remorso, o discípulo decidiu retornar ao local, pedir perdão e oferecer ajuda à família. Ao se aproximar, surpreendeu-se ao ver um sítio bonito, com árvores floridas e crianças brincando. Receoso de que a família tivesse vendido o sítio para sobreviver, ele questionou ao caseiro sobre o destino deles.

Para a surpresa do homem, o caseiro afirmou que a família ainda estava lá. Ao entrar na casa, ele reconheceu o dono da vaquinha e elogiou as melhorias que tinham sido feitas no lugar. Curioso, perguntou como o fazendeiro havia alcançado tal sucesso. O senhor, radiante, respondeu: "Tivemos uma vaquinha que caiu no precipício e morreu. A partir daquele momento, precisamos desenvolver habilidades que nem sabíamos que tínhamos. Assim, alcançamos o sucesso que você vê hoje."

Essa história nos ensina a lidar com as adversidades e elucida como a autorresponsabilidade desempenha um papel fundamental na nossa vida. No início, a família dependia da vaquinha para a própria sobrevivência, o que representava uma zona de conforto ou segurança. Quando o mestre ordenou que o aprendiz jogasse a vaquinha do precipício, foi como se desafiasse a zona de conforto e de segurança daquela família. Em vez de se lamentar pela perda da vaquinha, a família assumiu a responsabilidade, buscou alternativas, desenvolveu novas habilidades e transformou adversidade em oportunidade.

Na hora do desafio, é preciso que você se conecte emocionalmente ao seu propósito, trazendo-o para a razão, ou seja, planejando estrategicamente os passos que deverão ser executados para, enfim, executar e agir com base nessas compreensões, mantendo a essência e o fundamento científico.

Considere que os desafios são como sementes: quando você usa um bom adubo, elas podem se tornar grandes árvores cheias de frutos. Os adubos, aqui, são as soluções que você precisa criar para que o problema se transforme em solução, germine e gere resultados extraordinários.

Então, não se esqueça de que tudo o que afeta você é responsabilidade sua. Você é o líder da sua vida, da sua casa, da sua família, dos seus filhos, da sua empresa, dos seus colaboradores... Como têm sido as suas ações nesse cenário? Assumir a total responsabilidade dos sucessos e dos fracassos é silenciar o ego e o orgulho, fazer o que precisa ser feito e corrigir a rota em busca do resultado esperado.

> **O LÍDER DEVE DOMINAR TUDO EM SEU MUNDO. NÃO HÁ MAIS NINGUÉM A QUEM CULPAR. O LÍDER DEVE RECONHECER ERROS E ADMITIR FALHAS, ASSUMI-LAS E DESENVOLVER UM PLANO PARA VENCER."**
>
> JOCKO WILLINK E LEIF BABIN [16]

---

16 WILLINK, J.; BABIN, L. **Responsabilidade extrema**: como os Navy Seals lideram e vencem. São Paulo: Alta Books, 2021.

QUANDO ALGO DÁ ERRADO, A RESPONSABILIDADE É MINHA. QUANDO DÁ CERTO, O MÉRITO É DE TODOS.

O diário do desconforto

Desconfortos carregam pequenas doses de aprendizado. Se neste momento você está enfrentando um problema, grave ou não, pare e reflita: o que precisa aprender com isso para que ele cesse e não volte a se repetir no futuro?

Há um ditado popular que diz que "é melhor prevenir do que remediar". Por vezes, no entanto, passar por um problema pode ser melhor do que evitá-lo, pois é ao enfrentar e resolver um desafio que crescemos, aprendemos e desenvolvemos novas habilidades. Se você sempre evitar problemas, pode ser que nunca os tenha, mas isso também pode significar jamais aprender a ser resolutivo e resiliente.

Muitas vezes, quando nos deparamos com um problema ou uma situação negativa, temos o péssimo costume de questionar tudo e todos, inclusive Deus, em relação ao motivo de aquilo estar acontecendo conosco. Choramos, duvidamos e às vezes até enfraquecemos a nossa fé em razão de problemas externos e nos afastamos daquilo em que acreditamos.

Como eu sou um defensor ferrenho da visão de que "**tudo é aprendizado**", quero dividir com você um grande desafio profissional pelo qual passei recentemente e que durou alguns meses. A cada novo acontecimento, enquanto algumas pessoas próximas a mim sofriam, choravam, se angustiavam, eu sempre agradecia e pensava: "Que experiência incrível! Eu nunca teria vivido isso em outro lugar".

Seja um inconformado **63**

Muitas pessoas me chamavam de "doido" quando eu expressava essas reações, mas eu desenvolvi esse sentimento de gratidão profunda por toda e qualquer experiência, não importa se positiva ou negativa. Isso foi resultado de muito treinamento mental para que eu pudesse me livrar da reação comum e negativa diante de situações difíceis.

Para ajudar nesse processo, desenvolvi um diário que chamo de *diário do desconforto*. Nele, anoto tudo, trazendo à realidade, por meio da visualização e da escrita, coisas que acontecem diariamente e que afetam o meu desempenho, deixam-me frustrado ou estressado. Assim, consigo enxergar o problema e extrair dele uma lição que me ajudará a ficar mais resiliente e preparado para superar os desafios que surgirão no futuro.

Qual situação da sua vida está deixando você frustrado e estressado? Sugiro que aplique a ideia do diário do desconforto a essa situação em especial, e então adote essa prática como um hábito na sua vida, para todas as situações que viver.

Para mim, escrever no diário do desconforto já é um hábito e se tornou algo automático na minha rotina. Ao fim do dia, começo a visualizá-lo e a me perguntar: "Que tipo de problema precisei enfrentar hoje? Esse problema foi de que ordem? O que esse problema me ensinou? Qual aprendizado levarei comigo para o futuro?".

Tenho certeza de que adotar esse hábito também mudará a sua vida. Experimente executar essa tarefa todos os dias até que ela se torne parte da sua rotina.

Desafios práticos de transformação

Diário do desconforto

Esse exercício precisa ser, como o próprio nome diz, diário. Por esse motivo, será necessário preenchê-lo usando um caderno, *planner*, agenda, aplicativo ou até o bloco de notas do celular. Sugiro que você crie o hábito de escrever à mão, pois isso nos conecta muito mais com os nossos objetivos.

Para que você possa se organizar e saber como começar, quero deixar algumas perguntas-chave:

1. Que tipo de problema precisei enfrentar hoje?
2. Esse problema foi de que ordem?
   - emocional;
   - física;
   - profissional;
   - societária;
   - familiar;
   - de saúde.
3. O que esse problema me ensinou? Qual aprendizado levarei comigo para o futuro?

Mapeamento dos ambientes interno e externo

O mapeamento dos ambientes interno e externo facilita o autode-senvolvimento, além de ser um componente-chave para alcançar e manter a alta performance. Ao entender melhor a si mesmo e o mundo ao seu redor, você se posiciona para tomar decisões mais bem-informadas e eficazes.

Seja um inconformado   **65**

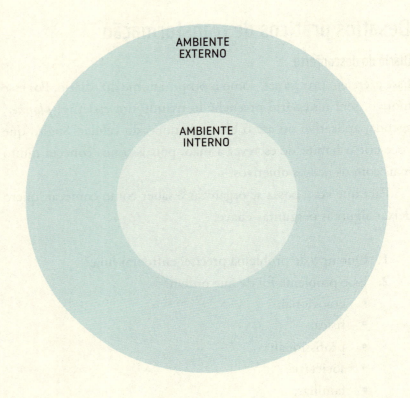

Dentro de cada círculo, escreva palavras-chave que descrevam os elementos que compõem cada um dos seus ambientes: o interno e o externo. O ambiente interno se refere ao conjunto de fatores psicológicos e emocionais que influenciam o seu comportamento e o seu desempenho: são características suas, pessoais. O ambiente externo está relacionado a todos os fatores e às influências fora de você, que podem impactar o seu comportamento, as suas decisões e o seu desempenho, ou seja, são fatores que você não pode controlar, que estão relacionados ao outro.

Em seguida, reflita e responda às seguintes questões:

1. Como os elementos do ambiente interno influenciam as suas interações e experiências no ambiente externo?

_____

_____

_____

_____

2. Com base nisso, identifique áreas de melhoria ou fortaleci-mento em ambos os ambientes e anote-as a seguir.

_____

_____

_____

_____

3. Agora, faça o rascunho de um plano de ação para melhorar os pontos sensíveis que identificou em ambos os ambientes, interno e externo.

_____

_____

_____

_____

_____

_____

_____

6
NÃO NEGOCIE OS SEUS VALORES

Desde os primeiros anos da vida, somos moldados pelas bases que nos são transmitidas no seio familiar. Eu deixei a casa dos meus pais muito cedo, mas carreguei comigo os ensinamentos e os valores que a minha mãe tão sabiamente cultivou no nosso lar. Ela foi o meu maior exemplo de direcionamento e organização, ensinando-me valores fundamentais que se tornaram a bússola para a minha jornada como líder e empresário. Lealdade, verdade e espiritualidade guiaram cada decisão que tomei ao longo da vida, tanto no campo pessoal quanto no profissional.

Ao selecionar parceiros e colaboradores, busco me alinhar com aqueles que compartilham desses mesmos princípios, pois compreendo que são eles que norteiam o caminho para o sucesso e a realização. Contudo, reconheço que a base familiar, embora seja fundamental, não me isenta de erros ou falhas. A sensibilidade e a percepção que adquiri ao longo do tempo me tornaram mais atento aos sinais que a vida me apresenta.

Muitos dos erros que cometi ao longo da minha jornada não foram causados por falta de trabalho ou de dedicação, e sim pela ausência de sensibilidade para reconhecer os sinais que estavam ao meu redor. Foi assim que aprendi a observar os indícios, a sentir a energia das pessoas e dos ambientes, compreendendo que nem sempre aquilo que aparenta algo é, de fato, verdadeiro. Essa percepção é essencial para que eu possa tomar decisões rápidas e eficazes, especialmente em um mundo movido pela pressa e pela busca constante por crescimento e evolução.

Hoje, essa percepção aguçada me permite observar os detalhes e fazer escolhas mais acertadas. Essa habilidade realmente é essencial, e a pergunta que fica é: **como você pode desenvolver essa mesma percepção?** Será que essa sensibilidade é inata ou pode ser aprendida?

A boa notícia é que essa percepção pode, sim, ser desenvolvida. Não se trata apenas de algo intuitivo, e sim de uma habilidade que pode ser aprimorada através de escuta ativa, empatia e análise constante do comportamento das pessoas ao seu redor. A chave é você estar atento aos detalhes e aos sinais, que são muitos, porém sutis.

É preciso observar, por exemplo, como as pessoas se comportam em momentos de descontração, como reagem a desafios e como lidam com a verdade. Pequenas atitudes podem revelar muito mais do que palavras. Isso é o que chamamos de *leitura entre as linhas*. Com o tempo, se praticada, essa habilidade se torna mais precisa e clara.

Quais são os sinais aos quais você deve estar sensível? Os sinais estão ao seu redor, especialmente notáveis em como as pessoas reagem a situações desconfortáveis ou inesperadas. Uma pessoa confiável, por exemplo, não é apenas aquela que sorri e promete, mas também aquela que age conforme os próprios valores, independentemente da dificuldade que está relacionada àquela ação. Se alguém é capaz de honrar compromissos em pequenos momentos, é provável que seja capaz de fazer o mesmo em situações maiores e mais desafiadoras.

Ao honrar os seus princípios e permanecer sensível a esses sinais, você encontra o equilíbrio necessário para avançar com tranquilidade e confiança em todas as áreas da vida.

Tudo que a minha mãe me ensinou em relação a valores tem funcionado como um escudo protetor que me dá segurança e certeza de um futuro promissor para mim e para a minha família. Por isso, quero falar um pouco dos valores inegociáveis que guiam a minha vida:

- **Família:** é frequentemente considerada um dos valores mais importantes na vida de uma pessoa – e com razão. Ela é o alicerce da minha vida. Ter a família como um valor fundamental pode gerar uma série de benefícios emocionais, mentais e até mesmo físicos, porque ela proporciona apoio emocional, sentimento de pertencimento e estabelece valores fundamentais. Além disso, pode servir como um modelo de construção de relacionamentos saudáveis e oferecer uma sensação de significado e propósito. Ter a família como um valor central na vida é essencial para o nosso bem-estar e para o desenvolvimento de uma base sólida do nosso sucesso pessoal e interpessoal. Se não tiver uma base familiar sólida, não se preocupe, porque você pode ser o início dessa fortaleza. Ao criar a sua própria família, você tem o poder de ser o exemplo, de ensinar valores fortes aos seus filhos e construir um ambiente estável e seguro para o futuro.

- **Espiritualidade:** a fé, para mim, transcende religiões. Ela nos permite, através das nossas vivências e experiências, sentir o amor, o servir, a plenitude e a abundância e saber que somos guiados por algo maior. Esse é um valor fundamental para mim em todas as minhas relações. A espiritualidade me oferece paz interior e funciona como uma bússola moral para navegar pela vida. Espero que você também esteja conectado com alguma força divina que lhe dê esperança e conforto.

- **Lealdade:** ela vai além de cumprir promessas. É a qualidade de ser fiel e confiável em relação a uma pessoa, um grupo ou uma causa. Envolve compromisso, honestidade e apoio, mesmo diante de grandes desafios ou tentações. Significa permanecer ao lado de alguém, independentemente das circunstâncias, e sempre honrar as relações, demonstrando integridade e respeito.

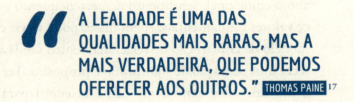

"A LEALDADE É UMA DAS QUALIDADES MAIS RARAS, MAS A MAIS VERDADEIRA, QUE PODEMOS OFERECER AOS OUTROS." THOMAS PAINE [17]

- **Congruência:** é a consistência entre pensamentos, palavras e ações, é a harmonia interna que uma pessoa mantém, tendo as próprias convicções e comportamentos alinhados. Quando alguém age de acordo com valores e princípios, sem contradições, demonstra congruência, transmitindo autenticidade e credibilidade. Isso gera confiança nas relações, pois fica evidente que os comportamentos dela estão alinhados com as crenças que carrega.
- **Fidelidade:** a fidelidade requer firmeza nos compromissos assumidos, honrando promessas e demonstrando confiança e confiabilidade. Ela fortalece os relacionamentos e cria laços duradouros baseados na reciprocidade e na lealdade entre as pessoas envolvidas em um relacionamento, seja pessoal, seja profissional.

---

17 PAINE, T. **The rights of man**. Londres: J.S. Jordan, 1791.

- **Verdade:** a verdade é a qualidade de ser honesto e sincero em todas as circunstâncias. Envolve ser transparente, íntegro e verdadeiro consigo mesmo e com os outros. Onde a verdade é cultivada, o entendimento mútuo é promovido.

Esses são valores essenciais para qualquer negócio que eu faça hoje, qualquer mesa em que eu me sente e qualquer ambiente em que eu esteja. Organizar-se para caminhar apenas com pessoas que compartilham esses valores pode ser algo difícil de entender inicialmente, mas ao longo da jornada você percebe a importância disso e compreende quão valioso é estar cercado de pessoas que compartilham a sua felicidade e o seu sucesso porque têm como objetivo traçar o mesmo caminho positivo que você.

Além disso, como você pode imaginar, esses valores não são meramente palavras, porque são princípios norteadores que expressam o caráter de uma pessoa. Então como você pode instituir esses princípios também na sua vida? O primeiro passo é identificar o que é importante para você. Faça uma autorreflexão e pergunte a si mesmo:

- Quais são os princípios que guiam as minhas decisões?
- Quais valores eu não posso negociar?

Essa clareza ajudará a orientar as suas escolhas em momentos difíceis.

Se você busca entender como pode identificar esses valores em outras pessoas, saiba que o segredo está na convivência e na observação. Não é possível identificá-los apenas em uma conversa, porque os valores reais de uma pessoa são demonstrados no cotidiano, nas atitudes mais corriqueiras. Para perceber isso, é preciso investir tempo nas relações e observar como as pessoas agem, e não apenas o que dizem. Com a convivência, você vai perceber se uma pessoa realmente pratica os princípios que professa.

Os valores que expressamos no dia a dia e nos momentos de descontração dizem muito sobre quem somos, sobre a nossa índole e o nosso caráter. Ao observar o comportamento e a manifestação rotineira dos princípios, é possível saber se uma pessoa é confiável ou não. É assim que eu escolho os meus parceiros de negócio e aqueles que vão caminhar comigo nas relações mais próximas, como de amizade ou de sociedade.

Ao longo da minha vida, cometi erros ao não escolher caminhar com as pessoas certas e, por vezes, negligenciei pessoas importantes. Os problemas que vivi posteriormente, com inadequação de comportamento dentro da empresa, por exemplo, aconteceram porque não percebi os indícios. Essas experiências me ensinaram a importância de priorizar valores acima de qualquer negócio ou projeto.

Talvez você já tenha passado por algo semelhante. Não se trata de culpa, e sim de aprendizado. **Como você pode evitar cair nesses erros novamente?** Desenvolvendo a habilidade de ler as pessoas e as situações com mais atenção, praticando a escuta ativa e observando os comportamentos do seu interlocutor em vez de se deixar levar apenas pelas palavras dele.

Uma vez que você definir os seus pilares, o próximo passo é **comprometer-se a viver de acordo com eles**. Sendo assim, pratique a integridade nas pequenas coisas. Honre os seus compromissos, mesmo que sejam difíceis. E busque sempre pessoas e ambientes que compartilhem desses valores, pois é isso que vai impulsionar você a continuar vivendo de maneira autêntica.

No ambiente de trabalho, por exemplo, muitas das dificuldades que enfrentamos com conflitos podem ser prevenidas quando desenvolvemos a sensibilidade de perceber os sinais desde o início. Nesse processo, porém, é importante não se culpar pelos erros do passado. Assim, **como você pode se preparar para o futuro?** Desenvolvendo uma mentalidade de observação e reflexão, aprendendo a interpretar comportamentos e, principalmente, comprometendo-se a viver de acordo com os valores que definiu como fundamentais. Isso vale para relações de amizade, de negócios e de parcerias – e até mesmo as amorosas.

Como estão as suas amizades e as suas parcerias hoje? Quais valores são inegociáveis para você? Ao identificar os valores que regem as suas escolhas e ações, você fortalece a sua bússola interna, orientando-se de maneira mais clara em meio às decisões e aos desafios que surgem no seu caminho.

Comprometa-se a viver de acordo com esses valores, buscando relações autênticas e alinhadas com os seus princípios. Ao fazer isso, você construirá uma vida mais significativa e gratificante para si mesmo e contribuirá para fazer do mundo um lugar onde as pessoas se tornem mais honestas, íntegras e transparentes em todas as relações.

VALORES SÃO PRINCÍPIOS QUE EXPRESSAM O CARÁTER DE UMA PESSOA.

DESAFIOS PRÁTICOS DE TRANSFORMAÇÃO

Identificar os valores que são importantes para si mesmo é uma tarefa essencial para o desenvolvimento pessoal e a definição de objetivos na vida. Por isso, deixo aqui algumas etapas que vão ajudar você a identificar os seus valores:

1. Autorreflexão: reserve um tempo diário para refletir sobre as suas experiências de vida, as suas crenças e o que é mais importante para você. Comece agora e responda a seguir: quais são os princípios que guiam a sua vida e quais são as coisas que você valoriza profundamente?

_____

_____

_____

_____

_____

2. Examine as suas escolhas passadas. Isso pode ajudar a identificar quais valores têm sido consistentes na sua vida e quais são os mais importantes para você. Quais decisões tomadas no passado refletem os seus valores hoje?

_____

_____

_____

_____

_____

3. Considere as suas aspirações futuras e pense em onde você gostaria de estar no futuro e que tipo de pessoa quer ser. Como os seus valores podem influenciar essas aspirações e guiar as suas escolhas e ações para alcançá-las?

_____

_____

_____

_____

_____

_____

_____

4. Quais são os valores mais importantes presentes no seu dia a dia que servirão de guia para orientar as suas decisões e ações no futuro?

_____

_____

_____

_____

_____

_____

_____

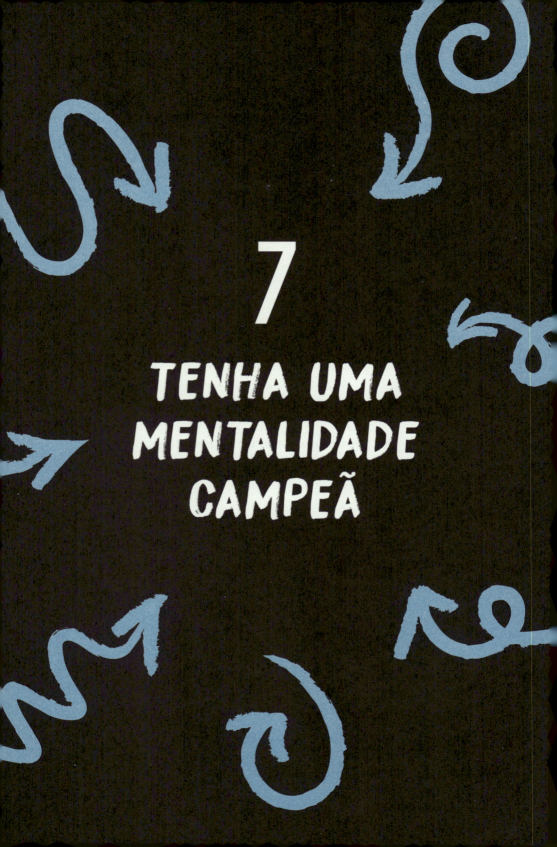

7
TENHA UMA MENTALIDADE CAMPEÃ

> **"FAÇA TUDO DE ACORDO COM AS SUAS CONVICÇÕES E NUNCA ACEITE CONSELHOS CONSTRUTIVOS DE QUEM NUNCA CONSTRUIU NADA!"**
>
> (AUTOR DESCONHECIDO)

Um campeão não precisa agradar ninguém nem tem necessidade de aprovação. Um campeão tem compromisso com o resultado que determinou para si, fazendo aquilo que se propôs. Isso é o que chamamos de *congruência*.

Ter uma mentalidade campeã é muito mais do que querer vencer e superar a si mesmo. É manter uma postura mental que vai além dos resultados imediatos, focando o crescimento contínuo e a superação das próprias limitações. Diferentemente de apenas querer vencer, a mentalidade campeã é aquela que não se intimida pelos obstáculos, que reconhece a importância dos erros e utiliza cada desafio como uma oportunidade de aprendizado. Trata-se de cultivar uma visão de longo prazo, em que cada pequena ação ou decisão é um degrau rumo a objetivos maiores.

Uma pessoa com mentalidade campeã não se deixa abalar pelos altos e baixos naturais da vida e consegue se manter focada no próprio desenvolvimento e progresso constantes. No cotidiano, isso pode se manifestar em como você lida com as frustrações. Quando você mantém uma mentalidade campeã, vê os erros não como fracassos, e sim como oportunidades de crescimento.

Por exemplo, se um empreendedor campeão falha em um projeto, ele não se prende à falha, e sim analisa o que deu errado para que possa ajustar a abordagem. Da mesma maneira, um atleta com mentalidade campeã continua treinando incansavelmente, mesmo quando os resultados imediatos não são favoráveis. Isso significa estar comprometido não só com o objetivo final, mas também com o processo, entendendo que as derrotas temporárias fazem parte da jornada para alcançar o sucesso.

Aplicar essa mentalidade em várias áreas da vida é o segredo para criar resiliência e alcançar um sucesso sustentável. No ambiente de trabalho, na vida pessoal ou no desenvolvimento de habilidades, uma mentalidade campeã permite enxergar além das dificuldades momentâneas e perseverar. O foco não está em vencer uma única batalha, e sim em desenvolver o caráter, a disciplina e a confiança para enfrentar qualquer adversidade que apareça no caminho. Essa é a verdadeira diferença entre aqueles que se tornam campeões e aqueles que desistem ao primeiro sinal de dificuldade.

Alcancei essa mentalidade campeã, e hoje não permito que nada abale a minha estrutura. Quando enfrento situações complicadas, olho para elas e vejo quais sementes carregam, em vez de deixá-las me afetar, para que eu possa aprender com a experiência. São essas oportunidades que me levam para o próximo nível, por isso as utilizo sempre a meu favor.

Se os seus pensamentos estão vulneráveis a qualquer influência negativa, certamente a sua mentalidade precisa ser reconstruída e fortalecida. Como estão os seus pensamentos? Você tem uma mentalidade campeã? Gosto muito de uma passagem bíblica que está em Provérbios 4:23 e diz: "Tenha cuidado com o que você pensa, pois a sua vida é dirigida pelos seus pensamentos".[18]

Os pensamentos se refletem em cada ação e gesto e têm o poder de criar a realidade. Alguém que cultiva uma mentalidade campeã já alcançou o prêmio, independentemente do resultado da disputa, porque essa pessoa está um degrau acima da mentalidade vencedora, que visa apenas superar obstáculos e processos construtivos. Sendo assim, mantenha sempre a sua mentalidade bem-cuidada e firme na sua essência.

Uma das maneiras mais eficazes de cuidar da mentalidade é por meio da prática constante da autoavaliação. Reserve momentos diários ou semanais para refletir sobre os seus pensamentos, as suas emoções e os comportamentos que moldam a sua percepção do mundo. Pergunte a si mesmo:

- Esses pensamentos me aproximam dos meus objetivos ou estão me impedindo de crescer?

Ao se questionar e ajustar a sua mentalidade de modo consciente, você estará alinhando as suas ações aos seus valores e criando uma base sólida para enfrentar as adversidades que surgirem pelo caminho. O diário do desconforto, que apresentei no Capítulo 5, também é uma ferramenta essencial para esse processo de fortalecimento da mentalidade.

Outra maneira poderosa de manter a mentalidade em equilíbrio é se cercar de influências positivas. Isso inclui tanto as pessoas com quem você convive quanto o conteúdo que você consome.

---

18 BÍBLIA. Provérbios 4:23. Disponível em: https://www.bible.com/pt/bible/211/PRO.4.23.NTLH. Acesso em: 12 nov. 2024.

Nesse sentido, faça um esforço para se conectar com indivíduos que compartilham valores semelhantes aos seus e que incentivam você a crescer. Leia livros, ouça podcasts e consuma materiais que alimentem a sua mente com ideias construtivas e inspiradoras. Estar em contato constante com fontes de positividade ajuda a criar um ambiente mental mais saudável e menos propenso a ser afetado por influências negativas ou pensamentos limitantes.

Além disso, cultivar hábitos diários de autocuidado, como meditação, exercícios físicos e atividades que proporcionem descanso mental é determinante para manter a mente forte. O equilíbrio mental está profundamente ligado ao estado do corpo e ao nível de estresse acumulado ao longo do tempo. Ao se comprometer com essas práticas, você se torna mais resiliente diante das pressões externas e mais capaz de manter a sua mentalidade firme e enraizada na sua essência, não se deixando abalar pelas circunstâncias externas.

Se você se encontra em um cenário em que está precisando criar músculos na sua mentalidade, use essas ferramentas poderosas com muita seriedade, disciplina e consistência. A consistência, inclusive, é uma qualidade rara que eu encaro com naturalidade, pois sei que é algo construído com esforço. Reconheço a importância dela em qualquer empreendimento. Hoje, como empresário, carrego essa virtude, que foi moldada nas quadras de esporte, onde aprendi a me dedicar integralmente a cada dia.

Manter constantemente a mentalidade preservada dos acontecimentos internos e externos é o meu diferencial. Como eu faço isso? Não posso negar que requer muita disciplina, além de práticas para blindar a mente das influências negativas do cotidiano.

Uma dica poderosa para a preservação da sua mentalidade é aprender a identificar os gatilhos que têm potencial para desestabilizá-la.

Esses gatilhos podem ser situações, pessoas ou pensamentos que têm o poder de afetar o seu equilíbrio interno.

Ao desenvolver uma percepção aguçada desses gatilhos, você consegue tomar medidas proativas para evitá-los ou lidar com eles de modo mais consciente. Por exemplo, se notar que determinadas notícias ou interações afetam a sua mentalidade, você pode limitar o contato com essas fontes de negatividade.

Além disso, invista no desenvolvimento de uma rede de suporte emocional composta de pessoas que compartilhem valores seme-lhantes aos seus e que motivem você a seguir em frente. Ao se cer-car de pessoas positivas, você conseguirá manter a sua mentalidade preservada das influências negativas, ampliando a sua capacidade de enfrentar desafios com calma, equilíbrio e foco.

O seu posicionamento mental pode definir quem você será no futuro: campeão ou perdedor. A distinção entre um campeão, um vencedor e um perdedor está nos detalhes que são construídos dia-riamente. São os pequenos hábitos que, como uma torneira pingan-do todos os dias ao longo dos anos, definirão quem é o vencedor.

O campeão olha para a meta e define um método para alcan-çá-la. Essa construção diária e constante é feita com muita entrega não só física, no treino, mas também emocional e de fé. Dentro da quadra, várias vezes sangrei, o que me gerou muitas cicatrizes, oito dedos quebrados e oito cirurgias. Mas eu sabia que precisava me jogar, literalmente cair no chão e bater os ossos, muitas vezes em pontos vulneráveis, onde a carne não está presente para absorver o impacto. No fundo, eu sabia qual resultado colheria se agisse com paixão, entrega e domínio próprio, por isso valia a pena.

Ter uma mentalidade campeã é conseguir ver os obstáculos a serem ultrapassados como oportunidades de crescimento em vez de problemas no decorrer do caminho.

Tenha uma mentalidade campeã **83**

A mentalidade campeã faz de você um eterno aspirante

Aos 49 anos, ainda me sinto um aspirante, buscando aprendizado diário e constante. Quando digo que preciso "me sentar na cadeira de aluno", refiro-me à necessidade de aprender todos os dias. Isso faz diferença em qualquer lugar em que eu esteja, independentemente da profissão, do trabalho ou das atividades que estou executando.

O aprendizado constante nos leva a outros níveis, a outros patamares, e nos torna melhores a cada dia. Essa busca constante pela melhora, pelo crescimento e pelo desenvolvimento é o que impulsiona e deixa espaço para novas experiências. Ter sede de aprender é uma característica do campeão que valoriza cada detalhe e cada passo no processo de construção do próprio legado.

Um campeão está firmemente comprometido em alcançar objetivos e metas. Essa determinação é a base para a persistência diante dos desafios.

> " VOCÊ TEM QUE ESTAR PREPARADO PARA LUTAR E ENFRENTAR DIFICULDADES. O MAIS IMPORTANTE É TER A CAPACIDADE DE SE LEVANTAR, MESMO APÓS AS QUEDAS." RAFAEL NADAL [19]

Um campeão aprende com as derrotas e utiliza essas experiências para se fortalecer porque tem a capacidade de se recuperar rapidamente de fracassos e contratempos. Ele tem paixão pelo que faz

---

19 NADAL, R.; CARLIN, J. **Rafa**: my story. Nova York: Atria Books, 2011.

e acredita que as habilidades e os talentos que carrega podem ser desenvolvidos através do esforço e do aprendizado contínuos, e isso o impulsiona na busca constante por aprimoramento.

A mentalidade campeã não é exclusiva de atletas de elite, pois pode ser cultivada em qualquer área da vida: nos negócios, na educação, em objetivos pessoais. Tornar-se um campeão é mais do que atingir um objetivo, é abraçar o processo de se tornar a melhor versão de si mesmo.

Pensando nessa jornada, listo a seguir tudo de que você precisa para desenvolver uma mente de campeão.

- **Comprometa-se diariamente consigo mesmo, lembrando que você é a pessoa mais importante da sua vida.** O primeiro passo é entender que você é o principal responsável pelo seu crescimento e pelo seu sucesso. Comprometer-se diariamente com os seus objetivos e com o seu bem-estar pessoal é uma maneira de demonstrar amor-próprio e respeito pelas suas capacidades. Isso significa reservar tempo para o autocuidado, para o seu desenvolvimento físico, emocional e mental, bem como tomar decisões conscientes que estejam alinhadas aos seus valores e às suas metas de vida. Ao priorizar a si mesmo, você se fortalece para enfrentar os desafios e, consequentemente, dar o melhor de si aos outros.

- **Seja consistente nas suas ações.** A consistência é o que transforma o esforço em resultado. Muitas pessoas começam uma nova jornada cheias de energia, mas acabam desistindo diante das dificuldades. A mente de campeão, no entanto, é desenvolvida através da repetição de ações, mesmo quando os resultados não aparecem imediatamente. A consistência gera a confiança e permite que você construa uma base

Tenha uma mentalidade campeã · **85**

sólida para o sucesso. Nos treinos físicos, no desenvolvimento de habilidades ou na busca de novos conhecimentos, agir de modo consistente é a chave para a evolução contínua.

- **Encare cada dia como uma oportunidade de progresso.** Em vez de se concentrar apenas nos grandes marcos, um campeão valoriza os pequenos avanços que ocorrem diariamente. Cada dia é uma nova chance para aprender algo, melhorar uma habilidade ou corrigir uma atitude. Cultivar essa mentalidade mantém você no caminho certo, mesmo nos dias em que os desafios parecem maiores que os resultados. Ao adotar uma abordagem de progresso constante, você elimina a pressão de ser perfeito o tempo todo e se permite celebrar as pequenas vitórias que, juntas, formam o sucesso maior.

- **Coloque-se na posição de aluno todos os dias.** A mente de campeão está sempre aberta ao aprendizado, porque o verdadeiro campeão não acredita que já sabe tudo e reconhece que sempre há algo novo para aprender com colegas, mentores e até mesmo com os próprios erros. Colocar-se na posição de aluno significa ter humildade para absorver conhecimentos de diversas fontes e buscar maneiras de melhorar continuamente. Essa disposição de aprendizado constante abre portas para novas oportunidades e fortalece a sua capacidade de adaptação.

- **Ensine tudo o que aprender.** Compartilhar o que você aprendeu é uma maneira poderosa de reforçar o próprio conhecimento e impactar positivamente a vida de outras pessoas. Ao ensinar, você organiza melhor as suas ideias e se torna mais consciente das nuances do que aprendeu. Além disso, ensinar fortalece a liderança, inspira outras pessoas a buscarem o crescimento e cria um ciclo de aprendizado contínuo, bem como ajuda a identificar novas perspectivas e a expandir o seu entendimento de determinado tema.

- **Esteja sempre aberto e receptivo a novas informações.** Uma mente fechada é limitada. Um campeão está sempre atento a novas informações que possam aprimorar as estratégias ou melhorar as habilidades dele. Isso significa estar receptivo a novas ideias, tecnologias e métodos, mesmo que essas novidades desafiem as suas crenças atuais. Ao adotar uma postura de curiosidade e abertura, você se posiciona como um eterno aprendiz e garante que não perderá oportunidades de crescer, evoluir e se adaptar a um mundo que está em constante transformação.

- **Mantenha a curiosidade como um traço constante na sua jornada.** A curiosidade é a faísca que mantém vivo o desejo de aprender. Um campeão não apenas aceita novos conhecimentos, também os busca ativamente. A curiosidade o impulsiona a questionar o *statu quo*, a explorar novas áreas e a inovar na prática diária. Ao manter a curiosidade como parte fundamental da sua jornada, você descobre novas maneiras de superar desafios, de se aprimorar e de encontrar soluções criativas para problemas complexos.

- **Aprenda com cada experiência, seja de sucesso, seja de fracasso.** Cada experiência, positiva ou negativa, carrega lições valiosas. Um campeão sabe que o fracasso faz parte do processo de crescimento, e que o sucesso é apenas o resultado de muitas tentativas e aprendizados ao longo do caminho. Em vez de temer o fracasso, é essencial compreendê-lo como uma oportunidade para ajustar estratégias e crescer. Ao analisar cada experiência de maneira crítica e construtiva, você será capaz de se adaptar e melhorar continuamente.

Tenha uma mentalidade campeã

- **Aceite feedbacks.** O feedback é uma ferramenta determinante para o crescimento, por isso um campeão não o encara como uma crítica pessoal, e sim como uma oportunidade de melhorar. Aceitar feedbacks significa estar disposto a ouvir a opinião dos outros sobre o seu desempenho, e isso inclui colegas, mentores e clientes. Essa capacidade de receber informações sobre as suas ações e usá-las para ajustar a sua abordagem ajuda você a crescer de maneira mais eficiente e a atingir os seus objetivos de modo mais preciso.
- **Esteja disposto a ajustar a sua abordagem sempre que for necessário.** Flexibilidade e adaptabilidade são qualidades indispensáveis de uma mente de campeão. O caminho para o sucesso raramente é linear, e a habilidade de ajustar a sua abordagem diante de obstáculos ou de mudanças inesperadas é essencial. Isso pode significar reavaliar estratégias, adotar novos métodos e até mudar de direção. O campeão entende que o objetivo final é mais importante do que seguir um plano rígido e que, para alcançá-lo, é necessário estar aberto a fazer ajustes ao longo do percurso.

O desenvolvimento de uma mentalidade campeã é uma jornada de autodescoberta e aprimoramento constante. Desenvolver uma mente de campeão exige a coragem de enfrentar desafios e a disciplina de persistir no aprimoramento constante para não desistir no meio do caminho.

MANTER UMA MENTALIDADE POSITIVA ABRE PORTAS PARA ALCANÇAR MUITAS COISAS BOAS NA VIDA.

DESAFIOS PRÁTICOS DE TRANSFORMAÇÃO

1. Você já parou para analisar como tem alimentado a sua mente? Você tem praticado ações que o levarão a desenvolver uma mente de campeão? Escreva pelo menos três delas a seguir.

_____

_____

_____

_____

_____

_____

_____

_____

_____

2. Qual é a sua primeira reação diante de um problema importante? Você busca culpados? Você explode?

_____

_____

_____

_____

_____

_____

_____

_____

3. Você procura aprender com as situações que vive? Como?

4. Ao enfrentar uma decisão importante, faça uma análise dos seus pensamentos, reflita e recue antes de agir. Escreva algumas das vantagens e das desvantagens que você percebe em cada uma das possibilidades. Isso ajudará a visualizar e a tomar uma decisão mais fundamentada.

5. Enfrente desafios práticos e exercite a sua capacidade de resolver problemas. Escolha um problema do seu cotidiano e trabalhe para encontrar soluções criativas e eficazes. Então, anote-as a seguir.

_____

_____

_____

_____

_____

_____

_____

_____

_____

_____

_____

_____

6. Ao realizar tarefas cotidianas, como tomar banho, comer e caminhar, pratique a atenção p ena (nós falaremos mais dela no Capítulo 10). Concentre-se completamente no momento presente, observando os seus pensamentos, os seus sentimentos e as sensações corporais. Isso ajudará você a tomar decisões mais bem-planejadas e a aumentar a sua consciência.

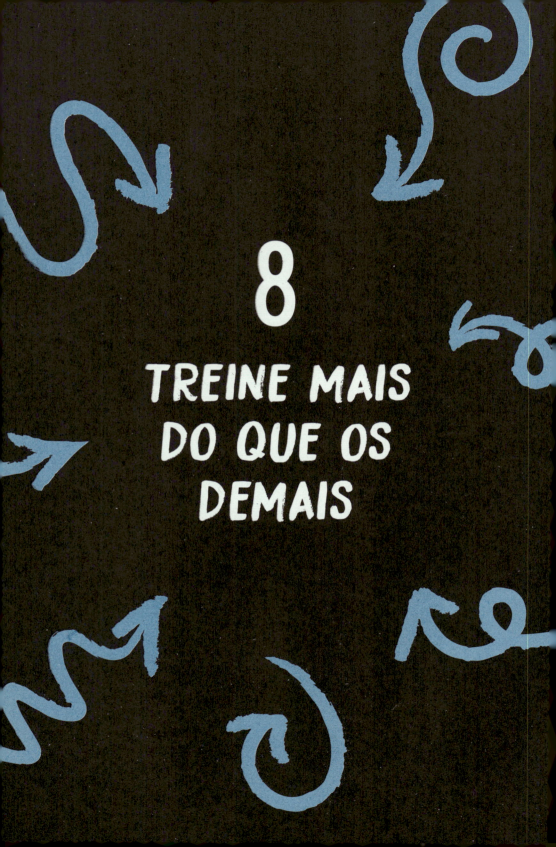

"VOCÊ SÓ FRACASSA SE DESISTIR." [AUTOR DESCONHECIDO]

Passar por situações difíceis na vida nos força a querer ser melhores. Ter nascido em um barraco de 25 metros quadrados e enfrentado muitas dificuldades, com pouca comunicação e talvez até pouco amor, me serviu de incentivo para prosseguir e encontrar o meu caminho. A minha infância não foi muito divertida, mas encontrei refúgio nos amigos da rua, com os quais a minha mente viajava em pensamentos, buscando maneiras de escapar da realidade difícil em que vivíamos.

Em meio a desmaios por exaustão e fome, eu persisti, ultrapassando todos os obstáculos que surgiram no meu caminho. E essa minha entrega total de corpo, alma, mente e coração rendeu resultados. Isso porque o nosso nível de entrega está diretamente ligado ao nosso nível de resultado.

Eu era ainda muito jovem quando entendi que só tinha a mim mesmo e que precisava me fortalecer para alcançar os meus objetivos. Tudo dependeria apenas de mim: mudar a minha realidade era minha responsabilidade. Aquele era o único caminho que eu tinha para vencer.

Comecei a construir uma força que vinha de dentro, e repetia incansavelmente para mim mesmo que tudo dependeria apenas de mim. Eu tinha consciência, mesmo tão novo, de que seria desafiador, porém necessário e importante, o processo que enfrentaria. Blindava os meus pensamentos, me protegendo sempre do que não era bom, e cuidava de mim mesmo.

Uma energia poderosa vinha de dentro e não deixava que eu me sentisse sozinho. A luz divina me guiava constantemente. Eu tinha determinação suficiente para prosseguir em direção aos meus sonhos. Isso me alimentava e me trazia alívio. A única coisa que eu pensava dia e noite era: "Eu vou conseguir, vou vencer, vou chegar lá. Nada nem ninguém vai me parar".

Apesar das dificuldades, mantive-me firme, porque tinha convicção de que a chave para o sucesso residia dentro de mim. Cada obstáculo, por mais desafiador que fosse, era encarado como uma oportunidade para fortalecer a minha essência e me aproximar dos meus objetivos. Cada vez mais eu me via imerso em um processo de autoconhecimento e autotransformação; mesmo sem saber, eu alimentava a minha alma com a certeza de que não importava quão árduo fosse o caminho, eu estava destinado a alcançar a grandeza que almejava.

Cada passo foi uma afirmação do meu compromisso com a mudança e com a realização dos meus sonhos, pois compreendi que, apesar dos desafios que surgiam, era eu quem detinha o controle da minha vida. Olhando para trás agora, sei que esta era a minha maior vontade: vencer. Queria proporcionar maior conforto para a minha mãe, a minha maior mentora. Dentro das limitações dela, existia o desejo de fazer de mim um vencedor – e ela conseguiu. A minha mãe foi, acima de tudo, um grande ser humano, que me ensinou muito e foi fundamental para o meu desenvolvimento como pessoa e como profissional. As lições dela formam a base dos meus valores, como uma rocha que carrego e vou carregar para sempre.

É por isso que ser melhor sempre, a cada jogada da vida, foi a minha busca incansável. Desde os dias em que me propus a ser um jogador melhor, a semente e o desejo por excelência foram plantados na minha mente. Eu queria mais do que apenas jogar; eu queria ser reconhecido como o melhor jogador, como o destaque em qualquer quadra em que eu escolhesse estar.

Depois das quadras, o desejo de ser melhor se estendeu para a gestão empresarial. Tornar-me um gestor e empresário melhor era um desafio que eu almejava, inspirado pela história do meu avô, que enfrentou dificuldades financeiras e viu os negócios dele falirem. Quando percebi que eu estava trilhando um caminho semelhante, por falta de treino e conhecimento, decidi estudar incansavelmente em vez de aceitar o destino, treinando as minhas habilidades de gestão e me tornando o melhor naquilo que faço.

A história de vida do meu avô se tornou uma fonte de aprendizado. Com ela, aprendi tudo que não deveria fazer. Eu não queria repetir a história dele, por isso decidi reescrevê-la. O meu avô tinha nas mãos todas as possibilidades de se tornar alguém muito bem-sucedido, assim como aconteceu com outras famílias que chegaram a Brasília na mesma época que ele. Uma dessas famílias teve como pioneiro alguém que se sentou várias vezes para comer no restaurante do hotel do meu avô e hoje tem um verdadeiro império patrimonial. Foram pessoas visionárias que criaram mecanismos de crescimento e prosperidade, garantindo um futuro promissor para aquela geração e para as gerações futuras.

Infelizmente, o meu avô não tinha visão de futuro e vivia como se não houvesse amanhã. Nós nos sentávamos nas malas abarrotadas de dinheiro para conseguir fechá-las, mas todo esse dinheiro era gasto sem qualquer planejamento ou reinvestimento. Não houve formação de patrimônio, mesmo diante de inúmeras oportunidades de aquisição de imóveis a baixíssimo custo.

Então, diferentemente disso, eu decidi deixar um legado para a minha família e para as gerações que virão. Com o tempo, fui aprendendo a não fazer o que o meu avô e o meu pai fizeram. A minha missão se tornou quebrar aquela mentalidade improdutiva, limitada e escassa que acompanhou os meus familiares por gerações. Entendi que existe a necessidade de plantar as sementes do que desejamos colher no futuro, porque sem plantação não há colheita.

Tornei-me um gestor de sucesso, um empresário visionário, transformei desafios em oportunidades. Essa transição foi possível com dedicação árdua, estudo e treino contínuos, além do compromisso de ser cada dia melhor na arena empresarial.

Assim como busquei ser cada vez melhor como jogador, busquei também ser melhor na atuação como empresário e canalizei a minha determinação para me tornar melhor como treinador de líderes. Acima de tudo, eu sempre me cobrei para ser melhor que eu mesmo, me superando sempre. A minha jornada como treinador reflete o meu comprometimento em ser melhor no desenvolvimento de pessoas.

Investir no desenvolvimento dos meus pontos fortes, conforme sugerido no livro *Descubra seus pontos fortes*, tornou-se uma bússola valiosa na minha jornada.[20] Reconheço e aprimoro as minhas habilidades naturais aproveitando o que há de melhor em mim para alcançar resultados extraordinários. É por esse motivo que treinar o meu comportamento é uma prática constante. A consciência das minhas ações e a busca por melhorias moldam o meu caráter e influenciam

---

20 BUCKINGHAM, M. **Descubra seus pontos fortes**. Rio de Janeiro: Sextante, 2017.

positivamente aqueles ao meu redor. Cada interação é uma oportunidade para demonstrar os valores que me guiam e reforçar a ideia de que ser melhor vai muito além do sucesso individual, pois é uma jornada compartilhada com aqueles que estão à minha volta.

PARA MIM, SER O MELHOR NÃO É APENAS UMA META, É UM ESTILO QUE DECIDI ESCOLHER E VIVER.

Eu decidi ser:
- o melhor jogador;
- o melhor gestor e empresário;
- o melhor treinador.

Ser o melhor não tem relação com competir com outras pessoas, implica superar quem fui, quem sou e quem quero ser. Quando decidi me tornar um jogador melhor, mapeei quem eram as referências mundiais no esporte e comecei a modelar o que os diferenciava da massa: o que eles faziam, como treinavam, o que pensavam, quais eram os comportamentos e as influências internas e externas deles. Após fazer esse mapeamento, sempre que me deparava com as minhas referências dentro de quadra, buscava superá-las, e assim a minha régua frequentemente esteve nivelada com o desempenho dos campeões.

Para você, escolher o que deseja ser na vida deve começar com uma decisão clara e intencional. Assim como eu decidi ser o melhor jogador, gestor e treinador, você também tem o poder de definir o caminho que deseja seguir. Isso exige um compromisso consigo mesmo e uma visão clara de aonde quer chegar. O primeiro passo é perguntar a si mesmo:

- O que eu realmente desejo ser?
- Qual legado quero deixar?

Ao definir essa resposta, você começa a trilhar o caminho da excelência. Mas lembre-se: não é apenas uma questão de querer. É preciso ação, consistência e uma mentalidade voltada para o crescimento e o aprimoramento contínuos. Escolha o que deseja ser e se comprometa diariamente com essa jornada, moldando as suas habilidades e atitudes para alcançar o sucesso que você merece ter.

Quem você modela?

Eu já praticava modelagem de maneira intuitiva, até mesmo antes de essa expressão surgir, e isso me ajudou a crescer muito seguindo o exemplo do Carlão. Ele foi capitão do time de voleibol brasileiro que conquistou, em 1992, o primeiro ouro olímpico do vôlei, e sempre foi uma grande referência para mim.

Modelar alguém envolve estudar essa pessoa por completo, desde os comportamentos, os pensamentos e os princípios dela até o caminho que percorreu para atingir os resultados atuais. Esse conhecimento deve ser, então, adaptado e aplicado de maneira pessoal e única, sendo incorporado ao seu próprio estilo de vida.

Ao longo da minha jornada como atleta, tive a oportunidade de jogar no mesmo time e contra muitos jogadores que eu tinha modelado. Foram anos maravilhosos em que vivi a realização do meu grande sonho. Sempre que tinha a chance de enfrentá-los, eu crescia. Ninguém conseguia me parar.

Tornei-me não apenas um jogador, mas também um símbolo de superação e determinação. Cada partida, cada desafio, representava uma oportunidade para demonstrar ao mundo a força que habitava no meu íntimo. Eu sinto muita gratidão e orgulho dessa fase da minha vida; agradeço a todos que me ajudaram e aos craques que me inspiraram. Posso dizer que o meu nome ecoará nos corredores do esporte como um exemplo vivo de que, com paixão, trabalho árduo e dedicação, não existe obstáculo que possa parar um ser humano.

NÃO DESISTA NUNCA, PORQUE ATÉ MESMO OS SONHOS MAIS AUDACIOSOS PODEM SE TORNAR REALIDADE.

Ser o melhor ao se comparar com o pior é fácil; difícil é ser o melhor diante de uma referência que de fato seja melhor. Todo esse processo precisa acontecer com simplicidade. Não se torne arrogante no meio do caminho, a ponto de se considerar melhor que as outras pessoas em função do seu desempenho. Antes de tudo, torne-se o melhor para você mesmo. Decida ser o melhor, mas mantenha a humildade e o cuidado com as pessoas. Isso fará uma grande diferença.

Acompanhar a história de empresários com habilidades e desempenhos fantásticos, como Napoleon Hill, Andrew Carnegie, Tony Robbins, Henry Ford, Silvio Santos, Flávio Augusto e Joel Jota, me inspirou a buscar sempre mais. Eu queria me tornar alguém como eles: pessoas que superaram grandes desafios para contribuir de maneira significativa para o mundo.

Quando decidi que seria um empresário melhor, precisei aprender o que os melhores já faziam, e entender mais de gestão foi um ponto essencial para que o sucesso me alcançasse. Investi em cursos o pouco que tinha e aproveitei todas as aulas gratuitas oferecidas pelo Serviço Nacional de Aprendizagem Industrial

(Senai) e pelo Serviço Brasileiro de Apoio às Micro e Pequenas Empresas (Sebrae).

Se você também quer ser o melhor em tudo o que se dispuser a fazer, siga estes passos:

1. **Defina metas claras e realistas.** O primeiro passo é ter clareza do que você deseja alcançar. Estabeleça metas que sejam desafiadoras, mas alcançáveis. Quanto mais específico você for nas suas metas, mais fácil será planejar os passos necessários para alcançá-las. Pergunte-se:
   - Onde eu quero estar daqui a um ano?
   - Quais são os marcos que preciso atingir ao longo do caminho?

2. **Comprometa-se diariamente com os seus objetivos.** O sucesso não vem sem um compromisso sério e consistente. Todos os dias, lembre-se do seu objetivo maior e faça algo que o aproxime dele, mesmo que seja um pequeno passo. A constância é um dos segredos dos grandes campeões.

3. **Trabalhe duro e com inteligência.** Esforço sem direção pode levar você a lugar nenhum. Não se trata de trabalhar duro, e sim de trabalhar de maneira estratégica. Identifique quais são as habilidades que você precisa aprimorar e invista o seu tempo e a sua energia nelas. Pratique com intenção e foco.

4. **Seja humilde e esteja aberto a aprender.** Sempre haverá algo novo para aprender; por isso, quem deseja ser o melhor nunca deixa de ser aluno. Esteja disposto a aprender com outras pessoas, sejam elas uma liderança, colegas ou até mesmo concorrentes. Aproveite cada experiência como uma oportunidade de crescimento.

5. **Aceite feedbacks e aprenda com eles.** O feedback é uma ferramenta poderosa para quem deseja melhorar – já tratamos disso antes. Não encare críticas como ataques pessoais, e sim como oportunidades de identificar em que você pode evoluir. Esteja aberto para receber feedbacks e use-os para ajustar a sua rota em direção à excelência.

6. **Adapte-se e inove.** A jornada para ser o melhor nunca será linear, então esteja preparado para se adaptar a novas situações e desafios. A capacidade de inovar e pensar fora da caixa é o que diferencia os bons dos melhores. Mantenha-se flexível e sempre disposto a ajustar a sua abordagem conforme o cenário mudar.

7. **Treine a sua mente e o seu corpo.** O sucesso exige mais do que habilidades técnicas; ele depende de uma mente e de um corpo bem-preparados. Invista tempo no seu desenvolvimento pessoal, mental e físico. Uma mente forte é capaz de superar qualquer obstáculo, e um corpo saudável garante a energia necessária para manter o ritmo diário.

8. **Visualize o seu sucesso.** A visualização é uma técnica poderosa que muitos campeões utilizam. Dedique alguns minutos do seu dia para se imaginar atingindo as suas metas, superando desafios e alcançando o sucesso. Essa prática reforça a sua confiança e motiva a sua mente a trabalhar em busca da realização.

9. **Cerque-se de pessoas que impulsionam você.** O ambiente ao seu redor influencia diretamente o seu desempenho. Escolha conviver com pessoas que compartilham a sua ambição e que ajudam você a crescer. Relacionamentos tóxicos podem minar a sua energia e a sua motivação, então seja seletivo com quem você permite permanecer ao seu redor.

10. **Nunca pare de se desafiar.** O caminho da excelência é uma jornada contínua. Mesmo quando você alcançar um objetivo, continue se desafiando. Defina novos marcos, procure aprender algo novo e continue em movimento. Um campeão nunca se acomoda, está sempre em busca de se superar.

Treine a sua mente

Este treinamento é um compromisso diário: buscar o domínio dos pensamentos que habitam a mente na maior parte do tempo. A prática da visualização é uma aliada valiosa nesse processo, oferecendo um portal para explorar as paisagens do meu potencial.

Visualizar é mais do que criar imagens na mente, é estabelecer uma conexão com tudo aquilo que almeja alcançar e fazer virar realidade. Por isso, se empenhe em construir uma fortaleza mental na qual a positividade e a determinação reinem. Visualize metas alcançadas, desafios superados e momentos de alegria. Crie cenários nos quais a confiança é a protagonista e os obstáculos são trampolins para o crescimento.

A visualização é uma ferramenta para esculpir o seu destino e moldar a narrativa da sua vida com cada pensamento cultivado. Às vezes, pensamentos negativos tentam se infiltrar, e é nesses momentos que você deve recorrer à visualização como uma armadura, fazendo dela um antídoto poderoso contra dúvidas e receios. Quando cultivamos um jardim mental fértil, colhemos os frutos de conquistas tangíveis e resgatamos a serenidade que deve permear o nosso ser.

Treinar a sua mente deve ser uma escolha deliberada de nutrir pensamentos que impulsionam, inspiram e capacitam. Diante do espelho da mente, nunca pare de lapidar a imagem do seu eu ideal, entendendo que a visualização constante não apenas reflete, mas também cria a realidade que você deseja viver.

Treine o seu ponto forte

Em um universo que frequentemente enfatiza as nossas limitações, convido você para fazer uma exploração centrada nas suas virtudes individuais. Em vez de corrigir o que muitas vezes considerar falhas, intensifique as suas habilidades para alcançar um crescimento surpreendente.

Descobrir os seus pontos fortes equivale a desvendar superpoderes internos. Cada um de nós tem aptidões únicas que nos tornam distintos, então valorizar aquilo que fazemos excepcionalmente bem é como nutrir os nossos superpoderes. Quando você reconhece e acredita nos seus pontos fortes, tudo se torna magnífico. É como adquirir uma ferramenta mágica para enfrentar desafios.

Como identificar os pontos fortes? Listo a seguir alguns passos que considero indispensáveis.

1. Identifique as suas habilidades, as suas paixões e aquilo que você realiza com excelência.
2. Peça feedbacks de amigos, familiares ou colegas para obter diferentes perspectivas acerca dos seus pontos fortes.
3. Estabeleça objetivos e compreenda como os seus pontos fortes podem contribuir para atingi-los.
4. Se você é hábil em solucionar problemas, por exemplo, reflita sobre como pode aplicar essa habilidade nas suas metas profissionais ou pessoais.

5. Procure oportunidades de aprendizado e aprimoramento nas áreas em que já se destaca. Isso pode ser alcançado por meio de cursos, mentorias e prática constante.

6. Crie um ambiente propício para o florescimento dos seus pontos fortes. Se você é criativo, por exemplo, assegure-se de ter um espaço inspirador e reserve tempo para fazer atividades que estimulem a sua criatividade.

Descubra o que faz de você único, aceite isso e explore os seus diferenciais.

Treine o seu comportamento

Treinar o comportamento é mais do que uma mera busca por etiqueta social, é uma jornada de autenticidade e autodomínio que requer consciência constante sobre as escolhas que fazemos e as atitudes que expressamos. Considero o comportamento ideal um reflexo do meu verdadeiro eu, por isso busco construir um padrão de conduta baseado em valores sólidos, em que a empatia, o respeito e a integridade são pilares essenciais para mim.

Assim como a mente, o comportamento é suscetível a influências externas. Por isso, busque discernir o que é verdadeiramente alinhado com os seus valores e o que é uma mera resposta ao ambiente. Isso ajudará você a tomar decisões conscientes e a agir melhor diante de desafios e adversidades.

A prática diária do treinamento comportamental envolve aprender com cada abordagem ou relacionamento que você estabelece ao longo do dia. Observe as consequências das suas ações e ajuste o seu comportamento sempre que for necessário. Assuma a responsabilidade pelas escolhas que faz, reconhecendo que cada ato contribui para a construção do seu caráter.

Não busque máscaras sociais, e sim uma expressão do seu eu mais elevado.

Treine as suas habilidades

Treinar as habilidades é construir o caminho para que nos tornemos melhores no processo. Cada esforço é um passo a mais que damos. Cada nova habilidade aprendida é como uma peça importante de um quebra-cabeça. Quando você praticar algo, não só tente entender isso melhor como também use o que aprender, transformando em algo que saiba fazer bem.

A disciplina é uma aliada nesse percurso. Quando você pensa em melhorar sempre, entende que praticar não é uma coisa a ser realizada segundo uma agenda, é algo que você deve se comprometer a fazer todos os dias. É como construir um conjunto de habilidades que ajuda você a lidar com os desafios que surgem no mundo e aplicar uma mudança ao redor.

Nesse processo, cada esforço, por menor que seja, representa um passo rumo ao aprimoramento, e as novas habilidades adquiridas são peças valiosas que enriquecem a sua performance.

Seja inspirado a explorar os seus potenciais. Seja impulsionado pela paixão de aprender e pelo desejo de atingir níveis cada vez mais elevados de excelência. Mantenha viva a chama do aprendizado e deixe-a guiar você em direção aos horizontes mais altos da realização pessoal. Tenha coragem para correr em direção aos seus sonhos mais ousados.

DESAFIOS PRÁTICOS DE TRANSFORMAÇÃO

1. Identifique os seus cinco principais pontos fortes, utilizando ferramentas específicas como CliftonStrengths, HIGH5 Test, 16Personalities e VIA Character Strengths.

2. Estabeleça um objetivo que envolva o uso ativo de um dos seus pontos fortes. Por exemplo: se você é criativo, proponha-se a encontrar uma solução inovadora para um problema específico da sua vida pessoal ou profissional. Anote o objetivo a seguir.

_____

_____

_____

_____

_____

3. Escolha uma qualidade comportamental que você deseja de-senvolver, como empatia, paciência ou domínio das emoções. Durante uma semana, concentre-se em praticar essa quali-dade nas suas relações e nos seus relacionamentos diários. Anote qual qualidade você escolheu desenvolver e por quê.

_____

_____

_____

_____

_____

_____

4. Reserve tempo para praticar essa habilidade. Estude durante 30 minutos todos os dias, participe de workshops ou busque a mentoria de alguém que já domine essa habilidade. Anote a seguir o que pretende fazer.

9

ESTEJA SEMPRE UMA JOGADA À FRENTE

> **"A ANTECIPAÇÃO É A CHAVE PARA O SUCESSO. QUANTO MAIS VOCÊ SE PREPARAR PARA O FUTURO, MAIS PODERÁ MOLDÁ-LO."** BRIAN TRACY [21]

Eu sempre fui muito observador, e as minhas experiências em ambientes externos me deixaram cada vez mais alerta. Quando você se prepara mais do que as outras pessoas, sente que pode controlar tudo que acontece, seja no ambiente de jogo, seja no de treino. Isso porque quanto mais você faz, mais êxito você tem, o que diminui cada vez mais a chance de errar. Então você se antecipa.

A preparação de um atleta não gera surpresa. Um campeão não se surpreende com a vitória, pois ele já fez aquele movimento milhares de vezes antes. A repetição diminui o índice de erro. As pessoas que alcançam os melhores resultados são aquelas que se preparam mais, sendo mais aplicadas, disciplinadas e consistentes. Como resultado, elas cometem menos erros.

Enquanto eu treinava, costumava jogar a bola para cima cerca de 400 vezes, o que significava que eu precisava ser 400 vezes

---

21 TRACY, B. **The psychology of selling**. Nashville: Thomas Nelson Publishers, 2005.

melhor. Já durante um jogo, eu lançava a bola para cima aproximadamente 30 vezes, e todas essas jogadas precisavam ser praticamente 100% eficazes.

A preparação adequada e cuidadosa é o segredo para antecipar os acontecimentos. Na vida, assim como em qualquer estratégia competitiva, estar sempre uma jogada à frente é a chave para o sucesso. Antecipar-se, agir proativamente e liderar com visão estratégica são habilidades essenciais para navegar em um mundo dinâmico e em constante evolução.

Nunca fiquei esperando acontecer, sempre agi. Desde cedo, aprendi que esperar não era uma opção, que a ação era a única maneira de avançar, de estar um passo à frente dos desafios que a vida apresenta, reduzindo consideravelmente o risco de erro. É inevitável que cometamos equívocos ao longo do caminho, mas, quando estamos constantemente um pensamento à frente, não permanecemos no erro.

Sempre se antecipe ao erro

A preparação facilita a prática. No esporte, quando treinamos repetidamente antes do jogo, evitamos tremores durante a partida. Na vida, quanto mais buscamos conhecimento e o aplicamos, mais preparados ficamos. Assim, ao fechar um negócio ou tomar uma decisão importante, por exemplo, você se sairá bem, pois se preparou para isso.

O treino reduz a margem de erro, então qualquer falha se torna resultado da ousadia de tentar, e não de negligência, pois é uma exposição ao risco do jogo. Essa experiência me trouxe segurança, pois já enfrentei situações de alta complexidade muitas vezes e me preparei para elas.

Lembre-se: a prática não garante imunidade contra falhas, porém é improvável que o mesmo erro se repita mais de uma vez.

Mesmo estando bem-preparado, é importante reconhecer que falhar faz parte do processo de crescimento. Você pode ter feito tudo corretamente e, ainda assim, não atingir o resultado esperado. Nesses momentos, o mais importante é o modo como você reage ao erro. Em vez de desanimar ou se frustrar, encare a falha como uma oportunidade de aprendizado. Reflita sobre o que deu errado, analise as circunstâncias e busque entender em que pode melhorar. Muitas vezes, pequenos ajustes na estratégia ou na execução fazem toda a diferença.

Além disso, aprenda a ser resiliente: se algo não deu certo, retome o plano, faça as correções necessárias e tente novamente com ainda mais força e conhecimento. A falha é uma ferramenta poderosa para o aprimoramento; ao enfrentá-la de maneira construtiva, você estará mais preparado para acertar da próxima vez.

O alto nível de entrega é o que define uma alta performance. Em muitas ocasiões, entrei em estado de *flow*, em que apenas eu, a bola e a quadra importávamos. O *flow* é um estado mental de concentração extrema, quando a pessoa está totalmente imersa na atividade que está executando, e que foi descrito pelo psicólogo húngaro--americano Mihaly Csikszentmihalyi. Nessa condição, tudo ao redor parece desaparecer, e a única coisa que importa é o que você está fazendo naquele momento. Lembro-me sempre de quando jogava na Argentina, porque a plateia costumava arremessar muitos objetos em mim, mas eu sequer me dava conta disso – na minha cabeça, somente o jogo era importante.

Para alcançar esse nível de concentração do *flow* é necessário estar em completo silêncio mental. Você pode usar a meditação como ferramenta inicial. Você sabe qual é o seu nível de concentração para que os ruídos externos não afetem a sua performance? Quando se está plenamente focado, o ruído ao redor se torna irrelevante, permitindo alcançar níveis mais altos de desempenho, como o estado de *flow*. Essa capacidade de ignorar distrações é fundamental para se manter alinhado com os seus objetivos e agir de maneira eficaz.

No contexto empresarial, essa concentração se reflete na antecipação. A habilidade de se antecipar às mudanças e tendências é essencial para enxergar oportunidades e criar estratégias inovadoras. Uma mentalidade focada e aberta ao novo permite que você identifique tendências emergentes, tome decisões estratégicas e, assim, se destaque em um mercado competitivo. Antecipar-se no mundo dos negócios é mais do que reagir a desafios, é adotar uma visão de futuro, compreender as necessidades do mercado antes dos concorrentes e agir proativamente para se posicionar à frente.

Nesse sentido, a antecipação também envolve o monitoramento contínuo dos ambientes externo e interno. Isso inclui analisar dados de mercado, acompanhar a evolução tecnológica e ouvir feedbacks de clientes e colaboradores. Ao fazer isso, você não apenas responde às mudanças, mas também as utiliza como alavancas para impulsionar a inovação, garantindo que a sua empresa esteja sempre um passo à frente. Em vez de apenas reagir às crises, você cria uma cultura de planejamento estratégico que lhe permite transformar incertezas em oportunidades.

Assim, a antecipação não se limita à reação, e engloba também a busca ativa de novas oportunidades e abordagens para alcançar os objetivos desejados. Se for mais racional e menos emocional, você perceberá que estará preparado para superar qualquer tipo de obstáculo, problema ou situação.

Para ser mais racional e menos emocional nas decisões, é importante praticar o autocontrole e adotar uma postura de análise lógica. Isso significa dar um passo atrás e avaliar a situação com clareza, sem ser impulsionado pelas reações imediatas às circunstâncias. Uma maneira prática de fazer isso é dar uma pausa antes de tomar decisões importantes. Reserve um tempo para processar os fatos e considerar as consequências de longo prazo das suas ações. O uso de ferramentas como listas de prós e contras ou a busca de dados concretos também pode ajudar a trazer a objetividade necessária para avaliar o problema de diferentes ângulos.

Outra estratégia é desenvolver a habilidade de "despersonalizar" as situações, ou seja, evitar que o seu ego, o seu orgulho ou as suas emoções influenciem as suas decisões. Lembre-se de que as emoções são passageiras e podem dificultar a percepção de soluções mais racionais. Respirar profundamente, meditar e até conversar com um mentor confiável são modos eficazes de recuperar o equilíbrio emocional, trazendo a mente de volta ao foco racional. Ao longo do tempo, essas práticas se tornam hábitos que ajudam você a agir de maneira mais ponderada, minimizando reações emocionais impulsivas.

A repetição é a mãe da antecipação

Ao repetir uma ação várias vezes, você se prepara para executá-la com mais eficácia no futuro. Isso é bastante comum nos esportes, pois os atletas praticam movimentos repetidamente para antecipar situações de jogo. No ambiente empresarial, a repetição garante consistência e eficiência em atividades diárias, além de ajudar a antecipar problemas e desenvolver melhores soluções para eles.

Esteja sempre uma jogada à frente

A repetição nos prepara para enfrentar desafios futuros com confiança e habilidade.

A liderança com visão estratégica desempenha um papel fundamental. Líderes que conseguem antecipar tendências de mercado, identificar oportunidades de crescimento e tomar boas decisões alcançam uma vantagem competitiva significativa, porque são capazes de guiar a organização em tempos de incerteza, inspirando e motivando as equipes.

É importante destacar que a antecipação e a liderança estratégica não são habilidades estáticas, e sim processos contínuos de aprendizado e aprimoramento. À medida que o ambiente empresarial continua a evoluir, é essencial que os profissionais estejam sempre atualizados, buscando conhecimento, desenvolvendo novas habilidades e mantendo-se abertos à inovação.

Isso pode ser feito por meio da leitura constante de livros relevantes, da participação em workshops, cursos on-line e do networking com profissionais da área. O aprendizado não deve ser apenas teórico, pois você precisa saber aplicar novos conhecimentos a situações práticas, revisando e adaptando as suas abordagens conforme os desafios mudam e aparecem. Além disso, a busca por feedback de colegas e mentores ajuda a identificar áreas de melhoria, garantindo que você esteja sempre se adaptando às tendências emergentes e se aprimorando.

Há variados recursos disponíveis para se manter em constante evolução. Agora que você já tem consciência deles, basta colocar em prática. Para facilitar a sua organização, cito alguns:

- Fazer a modelagem de pessoas de sucesso: estude profundamente o que líderes e empreendedores bem-sucedidos fazem e adapte essas práticas para a sua realidade.

- Praticar a consistência e a repetição como modo de dominar qualquer habilidade, tanto no esporte quanto nos negócios.
- Dedicar tempo ao autoconhecimento e à reflexão: utilize ferramentas como o diário do desconforto para avaliar o que está funcionando e o que pode ser melhorado.
- Visualizar as suas metas: uma prática que ajuda a aumentar a concentração e manter a disciplina.

Ao adotar esses métodos e recursos, você pode construir uma jornada de crescimento contínuo e de alto impacto para se manter à frente da concorrência e alcançar o sucesso sustentável no longo prazo. Repetição após repetição, busque a perfeição em cada movimento, em cada lance.

A ANTECIPAÇÃO É O FAROL QUE ILUMINA O CAMINHO, E A REPETIÇÃO É A FORÇA QUE IMPULSIONA CADA PASSO EM DIREÇÃO À VITÓRIA.

DESAFIOS PRÁTICOS DE TRANSFORMAÇÃO

1. Defina objetivos para ser mais eficiente, praticando mais vezes e prevendo os problemas que podem surgir. Assim você estará mais preparado para lidar com o que vier pela frente e ter mais sucesso. Escreva a seguir alguns dos problemas que você gostaria de resolver agora.

_____

_____

_____

_____

_____

2. Investigue oportunidades de desenvolvimento profissional que possam ajudá-lo a se manter atualizado com as tendências de mercado e aprimorar as suas habilidades. Isso pode incluir participação em workshops, conferências ou programas de educação continuada. Anote a seguir quais serão as primeiras atitudes que você vai tomar nesse sentido.

_____

_____

_____

_____

_____

_____

_____

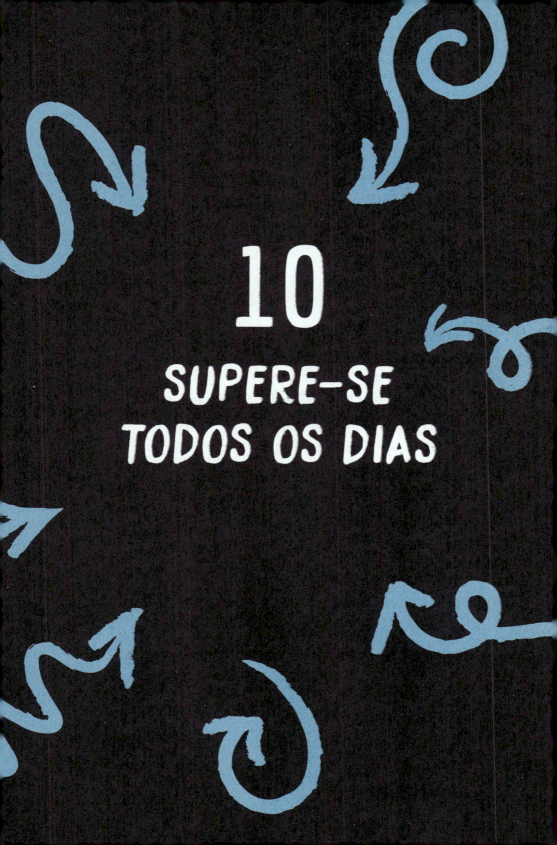
10
SUPERE-SE TODOS OS DIAS

> **"QUANDO COLOCAR OS SEUS PÉS FORA DA CAMA, LEMBRE-SE: VOCÊ SÓ TEM VINTE E QUATRO HORAS!"** RAFIC JUNIOR

Chegou a hora de sair do looping constante de esperar o amanhã e se lamentar pelo ontem. O único dia que existe é o hoje. O que você está fazendo com o seu dia? Seja o melhor agora, se desenvolva agora, evolua agora e lembre-se: você só tem vinte e quatro horas.

Na vida agitada que levamos hoje, é fácil se perder no fluxo constante de atividades. Isso acontece com boa parte das pessoas que se deixaram envolver por um ritmo hipnótico prejudicial, já não sendo capazes de controlar a própria rotina. Mas, assim como eu fiz desde muito jovem, você pode usar isso em seu benefício e criar um ritmo que o favoreça.

Primeiro, estabeleça um ritmo que ressoe com a sua natureza e os seus objetivos e nele inclua momentos de foco intenso alternados com intervalos de descanso e reflexão. Crie protocolos que o ajudem a maximizar o seu tempo e a sua energia. A minha sugestão é que nisso você inclua a implementação de técnicas de produtividade ou crie listas de tarefas priorizadas para garantir o foco nas atividades mais importantes.

Utilizar técnicas de produtividade ajuda a manter o foco sem sobrecarregar a mente e permite que você trabalhe com mais concentração, maximizando a energia ao longo do dia. A técnica Pomodoro, por exemplo, divide o trabalho em blocos de 25 minutos, seguidos de uma pausa curta de 5 minutos. Após quatro ciclos, pode-se fazer uma pausa mais longa, de 15 a 30 minutos. Essa abordagem tem o objetivo de, ao alternar entre períodos de alta concentração e descanso, manter a energia mental renovada.

O ato de priorizar determinadas tarefas permite que você dedique o seu tempo e a sua energia às atividades mais importantes, que realmente têm impacto no seu progresso. Uma abordagem eficiente para a criação dessas listas é a matriz de Eisenhower, que separa as tarefas em quatro categorias: "urgente e importante", "importante, mas não urgente", "urgente, mas não importante" e "nem urgente, nem importante". Com ela, você pode atacar as prioridades de modo estratégico, aumentando a sua produtividade e garantindo que as suas ações estejam alinhadas aos seus objetivos.

Protocolos de produtividade, quando aplicados de maneira consistente, oferecem uma estrutura clara que evita o desperdício de tempo e de energia em atividades irrelevantes. Criar uma rotina personalizada e sistemática não apenas otimiza o seu desempenho diário como também melhora a sua saúde mental ao garantir que momentos de descanso e reflexão estejam alinhados. O resultado é um equilíbrio saudável entre foco intenso e pausas restauradoras, o que facilita a manutenção de um ritmo de trabalho produtivo e sustentável, reduzindo a sensação de cansaço mental e físico.

Outro passo muito importante nesse processo é respeitar o ciclo circadiano, que é o ritmo em que o organismo realiza funções ao longo de um dia. Embora ele também se relacione a fatores como temperatura e atividade física ou social, o elemento que exerce maior influência no ciclo circadiano é a luz.

De acordo com os CDC (Centers for Disease Control and Prevention – centros de controle e prevenção de doenças, em tradução livre), o tempo ideal de sono para adultos é de sete a oito horas por noite, sendo que uma hora e meia a duas horas são apenas de sono REM (Rapid Eye Movement).[22] Essa fase do sono é caracterizada por movimentos rápidos dos olhos, atividade cerebral intensa e sonhos vívidos, sendo especialmente importante para a secreção do hormônio de crescimento, a criatividade, a perspicácia e a imunidade. Outro fator que interfere diretamente no sono REM é a idade.

Estudos científicos demonstram que o corpo humano está biologicamente programado para seguir o ciclo circadiano, atendendo a um ritmo natural de vinte e quatro horas que regula processos como sono, vigília e funções metabólicas. A interrupção desse ciclo pode causar diversos problemas de saúde, como alterações no metabolismo, aumento nos níveis de cortisol (o hormônio do estresse) e redução da secreção de melatonina, que regula o sono. Dormir em horários inadequados pode afetar negativamente a memória, a capacidade cognitiva e o humor, levando a um desempenho prejudicado no dia seguinte.

Mudanças constantes no ciclo circadiano, como passar noites em claro, trocar o dia pela noite ou sofrer alterações de fuso horário, se tornam uma bomba-relógio e podem levar ao desenvolvimento de condições como obesidade, diabetes, câncer e doenças cardiovasculares, segundo um estudo publicado pela Harvard Medical School.[23] Isso ocorre porque a privação de sono ou a alteração do ciclo

---

22 EUA. Centers for Disease Control and Prevention. **About Sleep**, 2024. Disponível em: https://www.cdc.gov/sleep/about/index.html. Acesso em: 22 nov. 2024.

23 FLIESLER, N. Timing is everything. **Harvard Medical School**, 2015. Disponível em: https://hms.harvard.edu/news/timing-everything. Acesso em: 19 dez. 2024.

circadiano afetam diretamente os nossos processos hormonais e metabólicos, o que aumenta os níveis de glicose e provoca disfunções no metabolismo.

Existe uma crença atual de que algumas pessoas produzem melhor à noite e na madrugada. Fisiologicamente, isso é uma grande mentira, pois o corpo humano foi construído para obedecer ao ciclo circadiano, então ir contra isso pode custar um alto preço no longo prazo. Há inúmeros estudos científicos que comprovam que o ser humano tem maior rendimento quando o ciclo circadiano é obedecido.[24]

Inclusive, há estudos que comprovam que pessoas que trabalham no período noturno, em contrariedade ao ciclo circadiano, sofrem proporcionalmente muito mais com problemas de saúde.[25]

Portanto, a ideia de que a produtividade é maior à noite vai contra as evidências científicas que comprovam que o corpo humano é mais produtivo durante o dia, quando o ciclo natural de luz

---

[24] OLIVEIRA, S. L. B. de. Desrespeito aos ritmos biológicos prejudica a saúde. **ComCiência**, 6 set. 2018. Disponível em: https://www.comciencia.br/desrespeito-aos-ritmos-biologicos-prejudica-saude. Acesso em: 19 dez. 2024.
ESCOBAR, L. Ciclo circadiano: os 9 perigos devidos à sua desregulação. **Dose Saúde**, 8 out. 2024. Disponível em: https://dosesaude.com/bem-estar/08/10/2024/ciclo-circadiano-os-9-perigos-devidos-a-sua-desregulacao. Acesso em: 19 dez. 2024.
INSTITUTO DO SONO. Sono desregulado: qual é a relação com o ritmo circadiano? 7 out. 2021. Disponível em: https://institutodosono.com/artigos-noticias/sono-desregulado. Acesso em: 19 dez. 2024.

[25] SILVA-COSTA, A. *et al.* Trabalho noturno e pressão arterial: um estudo com foco nas doses de exposição. **Revista Brasileira de Saúde Ocupacional**, v. 46, 2021. Disponível em: https://www.scielo.br/j/rbso/a/rsnt3PdjwZ4ymr5PRTTCDsm. Acesso em: 19 dez. 2024.
CORRÊA, P. *et al.* Efeitos do trabalho em turnos no comportamento alimentar e no ritmo circadiano. **Revista Psicologia, Saúde & Doenças**, v. 23, n. 1, 281-289, 2022. Disponível em: https://scielo.pt/pdf/psd/v23n1/1645-0086-psd-23-01-281. Acesso em: 20 dez. 2024.

regula o nosso relógio biológico e promove maior eficiência cognitiva e melhor estado de alerta.[26]

CICLO CIRCADIANO

Fonte: Caldic Magistral (2021).[27]

E o que isso tem a ver com a sua realização pessoal? Tudo!

Entender e preservar o ritmo natural do corpo é determinante para manter a saúde e prevenir complicações futuras. Por isso, vale a pena incluir a lógica do ciclo circadiano na criação do seu ritmo,

---

[26] SPIEGEL, T.; CARDOSO, V. C. A necessidade de contribuições da ciência cognitiva para o aumento da produtividade do trabalho humano nas organizações. **Ciências & Cognição**, Rio de Janeiro , v. 14, n. 1, p. 233-245, mar. 2009. Disponível em: https://pepsic.bvsalud.org/scielo.php?pid=S1806-58212 009000100015&script=sci_arttext. Acesso em: 20 dez. 2024.

[27] MENG, Q. *et al.* Circadian clock proteins and the regulation of sleep and mood. **Cell**, v. 157, n. 4, p. 858-68, 2014. Disponível em: https://www.cell.com/fulltext/S0092-8674(14)01236-7. Acesso em: 19 dez. 2024.

122 Cada minuto importa

porque isso facilitará a formação desse hábito saudável que ajuda na manutenção da sua saúde. Dominar o próprio ritmo fará você ganhar controle sobre as suas ações e direcionar a sua vida de modo consciente e intencional.

Lembre-se, ainda, de sempre adaptar a sua rotina à fase que estiver vivendo e aos objetivos que deseja alcançar. É importante que as primeiras horas do seu dia sejam dedicadas exclusivamente a você. Se precisar, acorde mais cedo do que todos na sua casa. Comece o seu dia conectando-se com Deus ou com a força divina na qual acredita e faça as suas orações. Permita-se ficar um tempo em estado meditativo, sem pensar em nada, e pratique alguma atividade física. Ao fazer isso, você prioriza o ganho de energia e força (física, mental e espiritual) para superar qualquer obstáculo que surja ao longo do dia.

Quando você começa o dia com oração e meditação, é como se ajustasse a sua mente para um estado de paz e clareza, o que reduz o estresse e a ansiedade. Estudos científicos mostram que a espiritualidade, incluindo a prática da oração, pode reduzir de modo significativo os níveis de cortisol,[28] que afeta diretamente a nossa energia física e mental. Um estudo publicado no American Journal of Psychiatry apontou que a conexão espiritual está associada a maior resiliência emocional e melhor bem-estar geral, o que pode resultar em mais energia e disposição para enfrentar os desafios diários.[29]

---

28 GUIMARÃES, H. P.; AVEZUM, A. O impacto da espiritualidade na saúde física. **Archives of Clinical Psychiatry**, São Paulo, n. 34, 2007. Disponível em: https://www.scielo.br/j/rpc/a/HCc9kdndvxXFjdXZtf5dGyP. Acesso em: 20 dez. 2024.

29 VERGHESE, A. Spirituality and mental health. **Indian Journal of Psychiatry**, v. 50, n. 4, p. 233-237, 2008. Disponível em: https://journals.lww.com/indianjpsychiatry/fulltext/2008/50040/Spirituality_and_mental_health.2.aspx. Acesso em: 20 dez. 2024.

Além disso, o ganho de força física é indiretamente impactado pela oração e pela conexão espiritual, porque essas práticas contribuem para a geração do sentimento de propósito e gratidão, o que, segundo pesquisas da Harvard Medical School,[30] pode motivar comportamentos saudáveis, como a prática regular de exercícios físicos e uma alimentação equilibrada. A oração pode ainda gerar alívio e fortalecimento emocional, permitindo que você se sinta energizado e centrado para enfrentar qualquer obstáculo.

Muitas pessoas vivem em um looping alucinado entre a ansiedade pelo futuro e a depressão pelo passado, o que as impede de viver o presente e pode gerar graves impactos na saúde mental e emocional. Estudos mostram que a ruminação excessiva de eventos passados está fortemente ligada à depressão, enquanto a preocupação constante com o futuro é um dos principais fatores de risco para a ansiedade.[31] Quando focamos o passado ou o futuro, deixamos de viver o presente, que é o único momento em que realmente temos controle. Ainda, pesquisas apontam que viver no presente melhora significativamente o bem-estar mental, reduz o estresse e aumenta a qualidade de vida.

O mindfulness, ou atenção plena, é uma prática que envolve focar o momento presente de maneira intencional e sem julgamentos.

---

30 SALAMON, M. Gratitude enhances health, brings happiness – and may even lengthen lives. Mind & Mood. **Harvard Health Publishing**, 2024. Disponível em: https://www.health.harvard.edu/blog/gratitude-enhances-health-brings-happiness-and-may-even-lengthen-lives-202409113071. Acesso em: 20 dez. 2024.

31 ZANON, C. *et al.* Relações entre pensamento ruminativo e facetas do neuroticismo. **Estudos de Psicologia**, Campinas, v. 29, n. 2, jun. 2012. Disponível em: https://www.scielo.br/j/estpsi/a/JpwDXbvqQ839WbpF9x4Tj7q. Acesso em: 20 dez. 2024.

Com essa prática, você aprende a lidar melhor com emoções, pensamentos e sensações, sem se deixar dominar por eles. Diversos estudos demonstram que a prática regular de mindfulness reduz os níveis de estresse, melhora a concentração, aumenta a resiliência emocional e promove uma sensação geral de bem-estar.[32] Quando temos completa consciência do agora, a mente se torna mais clara, o que facilita a tomada de decisões e o enfrentamento dos desafios diários.

Aprendi desde cedo a aproveitar cada segundo do meu dia, pois o que posso construir precisa ser construído agora. Amanhã é um recomeço e ontem não serve de base para guiar as minhas ações de hoje. As minhas vinte e quatro horas são aproveitadas intensamente, pois compreendi o poder dos micro-hábitos e valorizo cada segundo do meu dia. Os micro-hábitos são como pequenos tijolos que construíram o edifício sólido da minha rotina diária. Compreendi o impacto dessas ações minúsculas que se acumulam ao longo do tempo e moldam quem eu sou e influenciam o curso da minha vida.

Considero cada pequena prática diária um investimento no meu crescimento: dedicando minutos à leitura, praticando gratidão, realizando exercícios. São esses pequenos rituais que pavimentam o caminho para um eu mais fortalecido e disciplinado. São ações pequenas que parecem insignificantes, mas que, juntas, compõem a grandeza do meu dia a dia.

Em vez de buscar mudanças drásticas e difíceis de manter, concentre-se em incorporar pequenos hábitos ao longo do tempo. Cada

---

32 GOYAL, M. Meditation Programs for psychological stress and well-being. **JAMA Internal Medicine**, v. 174, n. 3, p. 357-68, 2014. Disponível em: https://jamanetwork.com/journals/jamainternalmedicine/fullarticle/1809754. Acesso em: 20 dez. 2024.

repetição dessas pequenas ações representa um compromisso contínuo com a sua evolução pessoal, em uma jornada constante de autodisciplina, com o foco residindo no progresso, e não na perfeição.

Ao me levantar da cama pela manhã, percebo que o dia já começou e que aproveitar as vinte e quatro horas que eu tenho é uma oportunidade única. Evito o ritmo hipnótico de considerar o ontem e o amanhã, colocando-me 100% no presente. Saio desse círculo vicioso quando determino o meu próprio ritmo, definido com base em estudos, entendimento e ação. O meu ritmo agora é ditado por treino, entrega e constante busca por superação, pois compreendi que a minha mente não é um inimigo, e sim algo a ser preparado, condicionado, treinado e cuidado.

Uma mente preparada não se deixa levar pelas condições externas, funcionando com base em intenções e controle próprio. Por isso, desenhar processos organizados faz total diferença. Para entrar em ação, é preciso ter um plano bem-definido, com datas, pessoas e processos claros.

Ao longo da vida, enfrentei mais obstáculos do que confortos, por isso não gosto da palavra "problema" e prefiro "aprendizado". Tive muitos aprendizados superados pela preparação para o que vem pela frente, então enxergo tudo como uma antecipação, uma preparação para suportar a pressão. O Universo, a energia e Deus estão sempre nos preparando para suportar a pressão.

A antecipação, ao contrário da ansiedade, não significa sofrer por situações futuras que ainda não ocorreram. Enquanto a ansiedade envolve um medo excessivo e improdutivo do que está por vir, a antecipação é uma preparação consciente e estratégica para enfrentar o que pode surgir no caminho. Ela se baseia na ideia de estar pronto e capacitado, agindo de maneira proativa, sem deixar que o medo ou a incerteza dominem. Ao se antecipar, você se prepara com confiança, desenvolve habilidades e fortalece a sua mentalidade para lidar com os desafios que o futuro pode oferecer.

NESSA LÓGICA, OU VOCÊ APRENDE OU VOCÊ VENCE. NÃO EXISTE PERDA REAL.

Mesmo quando as coisas não saem como planejamos, sempre há algo valioso a aprender. Não se trata de ganhar ou perder, e sim de aprender em qualquer situação. Quando encaramos desafios como chances de aprender, conseguimos extrair algo positivo de qualquer situação. Assim, aquilo que parece ser uma derrota não é o fim, e sim um passo importante para o sucesso. Cada experiência contribui para nos deixar mais sábios, maduros e com melhor entendimento de nós mesmos. É como mudar o modo de ver a vida, de encarar cada acontecimento como parte de uma história que estamos construindo.

Essa mentalidade também ajuda a não ter medo de errar, porque nela não existem erros permanentes. Cada desafio que enfrentamos é como um capítulo adicional no nosso livro de aprendizados. Às vezes, as páginas podem parecer difíceis de virar, mas nesses momentos descobrimos a nossa verdadeira capacidade de transformação. A jornada da vida é cheia de reviravoltas, e nesses momentos desafiadores encontramos o nosso verdadeiro eu. Assim, reconhecemos que não há derrota final, apenas oportunidades de crescimento constante. Cada passo que damos todos os dias, mesmo os que parecem errados, são, na verdade, um impulso em direção à nossa melhor versão.

Os insucessos me transformaram no homem que sou hoje, vencendo cada um deles.

Supere-se todos os dias **127**

DESAFIOS PRÁTICOS DE TRANSFORMAÇÃO

Seja grato

1. Encontre um espaço tranquilo onde você possa relaxar antes de dormir. Sente-se ou deite-se em uma posição confortável, feche os olhos e respire profundamente algumas vezes, para relaxar o seu corpo e a sua mente. Concentre-se na sua respiração por alguns minutos, percebendo a sensação de inspirar e expirar. Em seguida, pense em três coisas pelas quais você é grato em relação ao dia que passou. Pode ser algo relacionado a pessoas, momentos, conquistas ou experiências. Anote algumas a seguir.

2. Enquanto pensa em cada uma delas, visualize-as na sua mente e sinta a gratidão enchenco o seu coração. Agora pense em uma intenção positiva para o próximo dia. Pode ser algo que você deseja realizar, uma habilidade que deseja desenvolver ou uma atitude que deseja adotar. Anote algumas a seguir.

_____

_____

_____

_____

_____

_____

_____

_____

_____

_____

_____

_____

_____

_____

_____

3. Termine o exercício respirando profundamente mais algumas vezes e sentindo gratidão pela oportunidade de descansar e recarregar as suas energias durante o sono.

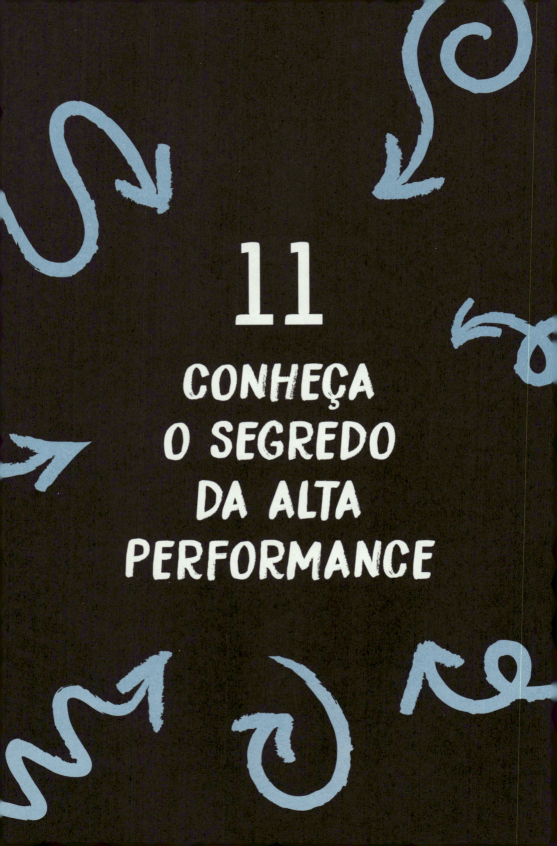

> **"O ÚNICO LIMITE PARA NOSSOS SONHOS É A NOSSA CAPACIDADE DE TRANSFORMÁ-LOS EM REALIDADE."** ROY T. BENNETT [33]

Hoje muito se fala de performance, o que para mim não é novidade, já que eu vivo, respiro e experimento performance desde os 13 anos.

Performance nada mais é do que o seu nível de entrega, e o meu nível de entrega, em tudo o que faço, sempre foi tão alto que resultou em diversas lesões no meu corpo, a ponto de eu precisar realizar oito cirurgias ao longo da minha carreira. Hoje, nos negócios, não é diferente.

A performance me fez sair de um barraco onde o esgoto corria debaixo dos meus pés para chegar a um ecossistema composto de várias empresas e com diversos sócios. Todas as pessoas que andam comigo precisam, necessariamente, andar em alta performance. É assim que as coisas funcionam e crescem.

No decorrer deste livro, apresentei alguns pontos que considero bastante importantes. Se você praticar o que aprendeu até aqui, garanto que estará bem próximo de ser um ser humano, empresário e profissional de alta performance.

---

33 BENNETT, R. T. **The light in the heart**. Nova York: Roy Bennett, 2016.

Viver a alta performance é integrar na sua vida metas claras e bem-definidas, além de hábitos, mentalidade, treinamento, consistência, repetição, disciplina, espírito de equipe, relacionamentos intencionais e network de qualidade. Esses são princípios práticos que descobri e aprimorei ao longo do tempo. A boa notícia é que eles são aplicáveis a qualquer pessoa que esteja buscando ter um desempenho excepcional nos estudos, nos negócios ou em qualquer empreendimento pessoal.

Esses princípios são universais e foram fundamentais para transformar o meu jogo, tanto pessoal como de atleta de alto rendimento. Vivi cada um desses pilares, coloquei-os em prática e reconheci a essencialidade deles, por isso posso dizer: aproveite-os.

Todos esses anos de experiência em alta performance estão aqui, resumidos para você. Entenda a importância deles e pratique esses ensinamentos todos os dias até que se tornem automáticos, assim como acordar e escovar os dentes.

Tenha metas claras e bem-definidas

É importante ter objetivos claros e bem-definidos para realizar qualquer projeto. Eu chamo isso de "marcar o ponto B", como traçar um mapa de onde você está agora até onde quer chegar. Para fazer isso, você deve saber o que e em quanto tempo precisa fazer, definindo datas e prazos para alcançar. Se você quer chegar ao ponto B em três, seis ou doze meses, por exemplo, precisa decidir isso com antecedência. Depois vem o "como", momento em que você deve se perguntar:

- Quais são as estratégias que me levarão do ponto A ao ponto B?
- Quem são as pessoas que me ajudarão nesse caminho?
- Do que eu preciso para chegar lá? Em quanto tempo?

Se precisar ganhar cinco mil reais a mais em seis meses, por exemplo, estabeleça metas semanais. Divida o objetivo em meses e determine o que precisa alcançar em cada semana. Isso proporciona clareza e visão para se aproximar do seu objetivo a cada dia. Independentemente das suas metas (dinheiro, cargo, aluguel, carro, emprego, casa ou viagem), é importante ter prazos e estratégias para chegar mais perto deles, todos os dias.

Uma ferramenta de gestão da qual gosto muito e que ajuda a estabelecer esses objetivos de maneira clara e detalhada é o método 5W2H. Ele foi desenvolvido no Japão como uma ferramenta de gestão simples e eficaz, sendo amplamente utilizado para planejamento e solução de problemas em empresas. Não há uma única pessoa associada à criação do método, já que ele é resultado de práticas de gestão e aprimoramento contínuo, influenciado por conceitos de qualidade total que surgiram no país, especialmente após a Segunda Guerra Mundial.

Esse processo é amplamente adotado em várias indústrias e setores empresariais em todo o mundo, sendo dividido em sete perguntas principais:

- **What? (O quê?):** refere-se ao objetivo específico que se deseja alcançar, com uma descrição clara e concisa do que precisa ser feito.
- **Why? (Por quê?):** indica a razão ou o propósito por trás de um objetivo, mostra o motivo pelo qual o objetivo é importante e ajuda a manter o foco e a motivação.
- **Who? (Quem?):** identifica as pessoas ou as equipes responsáveis por alcançar o objetivo e define claramente quem está envolvido na execução das tarefas.
- **When? (Quando?):** estabelece o prazo ou a data limite para a conclusão do objetivo e define claramente o período dentro do qual ele deve ser alcançado.
- **Where? (Onde?):** especifica o local ou o contexto em que o objetivo será realizado. Em alguns casos, pode ser relevante identificar o local onde as atividades relacionadas ao objetivo serão executadas.
- **How? (Como?):** descreve os métodos, as estratégias ou os processos que serão utilizados para alcançar o objetivo, já que é importante definir as ações necessárias para garantir que o objetivo seja atingido com sucesso.
- **How much? (Quanto?):** refere-se aos recursos necessários para alcançar o objetivo, como tempo, dinheiro e pessoal e indica por que é importante estimar e definir claramente os recursos necessários, para evitar surpresas ao longo do caminho.

Se você ainda não usa essa ferramenta, sugiro que comece a aplicá-la a partir de agora. Assim, os seus objetivos podem ser formulados de maneira abrangente e detalhada, garantindo uma compreensão clara de todos os aspectos e facilitando o acompanhamento e a avaliação do progresso.

Tenha uma equipe de sucesso

Quando falo de *equipe*, refiro-me à força, à aliança, à conexão entre pessoas, considerando que a união de uma equipe supera qualquer esforço individual. Cada pessoa no processo é como uma engrenagem essencial, representando uma parte determinante do todo. Ao observar o macro, percebemos que essas engrenagens são o micro que mantém tudo funcionando.

Analisar cada engrenagem revela aquelas que podem estar mais lentas ou sobrecarregadas, mas, mesmo assim, contribuem para o funcionamento do conjunto. É por isso que estabelecer uma comunicação eficaz entre as engrenagens e analisar as necessidades individuais delas são tarefas fundamentais.

A importância de cada indivíduo em um contexto geral, seja na equipe, seja em um setor, é imensa. A velha analogia de que "sozinho eu consigo chegar, mas juntos nós vamos mais longe" pode parecer clichê, mas expressa a verdadeira força do grupo. Nada do que alcancei como atleta profissional e empresário foi feito isoladamente. Nada do que conquistei teria sido possível se eu estivesse sozinho. Tudo está relacionado a pessoas.

Eu sempre tive um time, uma equipe, e me preocupei com cada indivíduo, com as entregas, as contribuições para o grupo e, consequentemente, os resultados finais. Para mim, a força do grupo sempre prevalece, assim como a cultura é fundamental para o resultado das empresas. Todos precisam compartilhar a cultura do treinamento, o resultado, o desenvolvimento e o crescimento diário. Desde a pessoa responsável pela limpeza até o gerente-geral, todos precisam ter mentalidade de campeão, buscando oportunidades e desejando mudança.

A minha marca, com a origem no esporte de alto rendimento, reflete-se em tudo o que faço, nas palavras que digo e nas expectativas que tenho de crescimento, desenvolvimento e evolução. Sou um defensor da transformação, reconhecendo o poder que emana quando as pessoas compartilham uma frequência comum e caminham na mesma direção.

A força da equipe reside na liderança, na congruência e na demonstração de como as coisas devem ser feitas.

Construa hábitos vencedores

O meu dia não começa quando acordo, e sim quando vou dormir. Faço uma higiene mental e carrego a minha energia para organizar o meu desempenho do dia seguinte. Ao acordar, sigo uma rotina de conexão com o meu corpo por meio da atividade física.

Às 7h da manhã, medito para me conectar com o meu interior e o meu espírito. Às 7h30, leio e aprendo algo novo. Às 8h, compartilho o café da manhã com os meus filhos, em um momento especial em família. E assim por diante. Cada momento do dia tem uma rotina específica. Repito isso todos os dias, sem falhar.

Essas rotinas mudam o jogo e quebram qualquer ritmo hipnótico que possa existir, tirando você da inércia e aumentando a sua produtividade. Você pode adaptar essas rotinas conforme as suas necessidades, mas o importante é repetir e treinar essas ferramentas, que podem transformar a sua vida.

Em busca da alta performance, descobri que certos hábitos se tornaram verdadeiros aliados nessa jornada intensa.

1. Banho gelado

Esse foi um hábito que incorporei à minha rotina de vida há mais de trinta anos e somente muito tempo depois encontrei a comprovação científica da funcionalidade e da eficácia dele. Além dos benefícios físicos, como estimular a circulação e fortalecer o sistema imunológico, esse hábito é um verdadeiro despertar para o corpo e a mente. A sensação de superação ao enfrentar a água gelada prepara para encarar os desafios do dia.

Quando comecei esse hábito, eu tinha cerca de 14 anos. Intuitivamente passei a cultivar essa rotina porque era algo que me fazia muito bem e me dava disposição para lidar com os obstáculos mais difíceis que enfrentei ao longo dos anos.

Hoje, existem evidências científicas que apontam os benefícios do banho gelado. Aqui estão alguns pontos relevantes:

- **Redução da inflamação:** banhos gelados podem ajudar a reduzir a inflamação no corpo. Estudos mostram que a exposição ao frio tem potencial para diminuir a produção de substâncias que causam inflamação e reduzir a atividade de células inflamatórias.[34]

---

34 MOREIRA, N. B. A influência da crioterapia na dor e edema induzidos por sinovite experimental. **Fisioterapia e Pesquisa**, v. 18, n. 1 mar. 2011. Disponível em: https://www.scielo.br/j/fp/a/LKZTWbSjGRBrrPCsncGWr6J. Acesso em: 20 dez. 2024.

- **Recuperação muscular:** muitos atletas tomam banhos de gelo após exercícios intensos para acelerar a recuperação muscular, pois o frio pode ajudar a reduzir a dor muscular e a inflamação, além de melhorar a recuperação.[35]
- **Aumento do metabolismo:** a exposição ao frio pode aumentar a atividade metabólica para manter a temperatura corporal, o que ajuda na perda de peso e no aumento da queima de calorias.[36]
- **Melhora do humor e da saúde mental:** algumas pessoas relatam que tomar banhos gelados pode aumentar o estado de alerta, melhorar o humor e até mesmo aliviar sintomas de depressão.[37]

Então, pare de dar desculpas. Comece hoje a tomar banho gelado e viva esses benefícios.

2. Visualização

Mesmo já tendo abordado esse assunto, quero enfatizar a importância dessa prática, pois a visualização se tornou uma ferramenta

---

35 HAUSSWIRTH, C. *et al*. Effects of whole-body cryotherapy vs. Far-infrared vs. Passive modalities on recovery from exercise-induced muscle damage in highly-trained runners. **PLoS One**, v. 6, n. 12, 2011. Disponível em: https://journals.plos.org/plosone/article?id=10.1371/journal.pone.0027749. Acesso em: 12 nov. 2024.

36 LICHTENBELT, W. D. M. *et al*. Cold-activated brown adipose tissue in healthy men. **The New England Journal of Medicine**, v. 360, n. 15, 2009. Disponível em: https://www.nejm.org/doi/full/10.1056/NEJMoa0808718. Acesso em: 12 nov. 2024.

37 SHEVCHUK, N. A. Adapted cold shower as a potential treatment for depression. **Medical Hypotheses**, v. 70, n. 5, p. 995-1001, 2008. Disponível em: https://www.sciencedirect.com/science/article/abs/pii/S030698770700566X. Acesso em: 12 nov. 2024.

poderosa no meu arsenal de alta performance. Antes de mergulhar em um projeto ou de enfrentar um desafio, sempre dedico tempo para visualizar o sucesso. Quando era atleta, eu me via dentro da quadra jogando de modo brilhante.

Mentalizar cada passo, cada detalhe do processo e o triunfo final cria uma espécie de mapa mental que guia as nossas ações. A visualização impulsiona a confiança e direciona o foco para o resultado desejado.

3. Não seja um amador

Uma das lições mais preciosas que aprendi no exterior foi a importância de não ser amador nos meus objetivos. O profissionalismo vai além do campo de trabalho, sendo uma mentalidade que permeia todas as áreas da vida. Ao incorporar uma abordagem profissional em cada aspecto da minha jornada, percebi um aumento significativo na consistência e nos resultados alcançados.

Desafie-se também a experimentar e incorporar princípios e hábitos como esses na sua própria jornada rumo à excelência. Certamente, você descobrirá novos patamares de realização pessoal e profissional. Deixe a sua jornada ser marcada pela coragem, pela determinação e pelo brilho radiante da sua própria grandeza.

DESAFIOS PRÁTICOS DE TRANSFORMAÇÃO

1. Você tem um plano de ação bem-definido para aplicar no seu dia a dia? Você visualiza e vivencia as suas futuras conquistas? Comece o dia sempre visualizando o que deseja alcançar, tendo um planejamento detalhado de todas as ações que você vai executar. Comece hoje, anotando a seguir o que você deseja realizar amanhã.

_____

_____

_____

_____

_____

_____

2. Crie uma rotina bem definida e coloque-a em prática todos os dias. A seguir, faça o esboço da sua rotina ideal.

_____

_____

_____

_____

_____

_____

_____

_____

> **"O SUCESSO NOS NEGÓCIOS DEPENDE DE SUA CAPACIDADE DE SE CONECTAR COM AS PESSOAS."** KEITH FERRAZZI [38]

Os relacionamentos dão sentido à vida. Ainda muito jovem, aprendi que valorizar as pessoas é essencial, porque ninguém alcança grandes feitos sozinho. Todos nós precisamos uns dos outros para realizar sonhos e projetos grandiosos.

A minha jornada rumo a essa compreensão foi marcada por desafios e bloqueios. Ao tratar esses meus maiores medos, descobri as minhas maiores habilidades: comunicação e relacionamento. Muitas vezes, aquilo que definimos como fraqueza ou barreira pode, na verdade, ser uma habilidade que está apenas esperando para ser desenvolvida. O medo de se comunicar, por exemplo, pode ser um reflexo de sensibilidade e capacidade de se conectar profundamente com os outros. Ter um bloqueio não significa a ausência de uma habilidade, e sim a existência de um campo ainda não explorado ou não compreendido.

Antigamente, a ideia de me comunicar de maneira aberta e estabelecer relacionamentos parecia assustadora, mas quando comecei

---

38 FERRAZZI, K. **Never eat alone**: and other secrets to success, one relationship at a time. Nova York: Portfolio Penguin, 2014.

a me abrir e compartilhar as minhas experiências, percebi que estava construindo conexões verdadeiras. Essas conexões me proporcionaram apoio e compreensão, me ajudaram a crescer e a me desenvolver. A cada história compartilhada, eu recebia apoio e levava esperança àqueles que estavam passando por situações semelhantes. Logo, pude ver como a minha capacidade de me conectar com os outros estava tendo um impacto positivo nos ambientes em que eu estava.

Desde criança, enfrentei dificuldades ao me relacionar e me expressar. Por anos, fui calado, reservado, com poucos amigos. Era como se as minhas palavras fossem aprisionadas por um medo enraizado de falar. Quando eu queria falar ou fazer perguntas ao meu pai, a resposta era: "Fique quieto" ou "Cale a boca", ao mesmo tempo que ele reclamava de que eu não falava. Você consegue imaginar como fica a cabeça de uma criança nessa situação?

O meu pai era uma pessoa firme, dura e inflexível, que não se comunicava. Acredito que ele não tenha aprendido a se comunicar, assim como não conseguiu me ensinar. Por muito tempo, eu me fechei, falei apenas o essencial; vi as palavras com seriedade, considerei que conversas paralelas eram perda de tempo. Apesar de sentir um forte desejo de me expressar verbalmente, as palavras não saíam, porque, quando foram reprimidas, encontraram refúgio no mais profundo da minha alma.

Havia dentro de mim um sentimento de indignidade quanto aos meus pensamentos, e eu sentia vergonha de expressá-los porque eles pareciam não ter importância nem relevância para serem considerados pelas outras pessoas. Ficar calado era a minha grande defesa, uma muralha que ergui ao meu redor para me proteger não só dos desafios do mundo exterior, mas também das pessoas. Como fui ensinado que as palavras poderiam causar mais danos do que benefícios, optei pelo silêncio como uma maneira de autopreservação. Essa escolha, no entanto, acabou se transformando em uma prisão emocional para os meus pensamentos e sentimentos. Por fora, podia parecer que eu estava em paz, mas por dentro eu lutava contra uma tormenta de emoções reprimidas.

O medo do julgamento, da rejeição e do confronto alimentava essa muralha de silêncio, e eu preferia manter as minhas opiniões guardadas para mim mesmo, evitando qualquer possibilidade de conflito ou confronto. No entanto, com o tempo, percebi que esse silêncio era mais prejudicial do que protetor, já que ele me isolava do mundo e das oportunidades de crescimento pessoal. Percebi que, ao me fechar para os outros, também estava me fechando para mim mesmo, impedindo-me de me entender e de lidar com as minhas próprias emoções.

Foi assim que senti uma grande necessidade de mudar essa realidade e começar a me comunicar. Percebi que esses medos e bloqueios eram, na verdade, oportunidades de crescimento, e somente quando tive coragem de quebrar essa muralha de silêncio que eu pude enfrentá-los. Aprendi que a vulnerabilidade não era um sinal de fraqueza, e sim de coragem e autenticidade.

Hoje, reconheço que o silêncio ainda pode ser um modo de proteção em certas situações, mas não deve ser uma prisão emocional. Aprendi a encontrar equilíbrio entre falar e ouvir, honrando as minhas próprias emoções enquanto respeito as emoções dos outros. Sou capaz de contribuir para transformar o ambiente em que estou inserido e que estimula o crescimento de todos que empregam esforços para alcançar um novo patamar de sucesso. Com a internet, esse alcance não tem limite, e eu posso impactar positivamente pessoas em todo o mundo. Com você não é diferente. **A sua história pode salvar vidas**. Já pensou nisso?

Quando enfrentamos os nossos bloqueios, podemos transformar uma narrativa. Muitas vezes, o desconforto que sentimos ao lidar com certas situações revela uma área de potencial crescimento. Ao trabalhar esses bloqueios com paciência e ferramentas adequadas, descobrimos que a capacidade de superar a dificuldade pode nos proporcionar uma habilidade poderosa, como no meu caso com a comunicação e o relacionamento. Essa transformação abre novas portas, tanto pessoais quanto profissionais, possibilitando um crescimento contínuo.

QUAL É O SEU MAIOR BLOQUEIO HOJE? VOCÊ CONSEGUE IDENTIFICAR?

Identificar os próprios bloqueios pode ser desafiador, mas é o primeiro passo essencial para transformá-los. Muitos bloqueios estão relacionados à maneira como percebemos o mundo e a nós mesmos, então podem se manifestar de diversos modos: medo de falhar, insegurança, procrastinação e até uma resistência interna a mudanças. Para começar a identificar esses bloqueios, é importante observar como você reage em situações desafiadoras.

Exemplos de bloqueios comuns:

- **Medo do fracasso:** quando você evita tomar decisões importantes ou delegar tarefas por medo de que não saiam perfeitas. Isso pode paralisar você e impedir o seu crescimento.
- **Falta de autoconfiança:** você pode se sentir incapaz de falar em público ou de tomar a frente em projetos importantes

Construa relacionamentos intencionais **145**

por acreditar que não é bom o suficiente, mesmo que tenha as habilidades necessárias.

- **Procrastinação:** quando você deixa para depois o que poderia ser feito agora, talvez por não saber por onde começar ou por não querer lidar com algo desconfortável.

Esses bloqueios podem se tornar barreiras significativas na sua vida pessoal e profissional. Então como identificar esses sabotadores internos que limitam você? Uma maneira eficaz de identificar os seus bloqueios é através de uma reflexão honesta sobre as suas atitudes e os seus comportamentos. Pergunte-se: "Em que momentos sinto que estou me autossabotando? O que estou evitando fazer e por quê?".

Após identificar os bloqueios, o próximo passo é trabalhar para superá-los. Isso exige ação deliberada e práticas que ajudem a desenvolver novas perspectivas. Se o seu bloqueio for o medo do fracasso, por exemplo, um passo importante é começar a falhar de modo controlado, aceitando que o erro é parte do processo de aprendizagem. Adote a seguinte frase: "Eu nunca erro: ou eu acerto ou eu aprendo". Assim, você vai treinar a sua mente para aceitar o erro e aprender com ele, e não cair na armadilha da frustração. Já se você identificar que a procrastinação é um sabotador, uma estratégia pode ser dividir tarefas grandes em pequenas metas, tornando-as mais gerenciáveis.

Vou dar um exemplo prático para descobrir os seus bloqueios, com base no que aconteceu comigo. O meu maior bloqueio estava na comunicação. Eu temia que as pessoas me julgassem ou que as minhas ideias não fossem boas o suficiente. Isso me impedia de compartilhar os meus pensamentos abertamente, o que gerava frustração e limitações. Ao me conscientizar desse bloqueio, comecei a praticar a comunicação de maneira mais efetiva e honesta e, aos poucos, percebi que quanto mais eu me conectava com as pessoas, mais novas oportunidades surgiam, tanto no ambiente de negócios quanto na vida pessoal.

Quando descobri que a minha a maior habilidade estava na conexão e na comunicação com as pessoas, muitas portas começaram a se abrir em todas as áreas: negócios, palestras, sociedades, relacionamentos... O que antes parecia ser uma maldição se transformou em bênção, e hoje posso contribuir para tornar a sua vida um pouco melhor por intermédio dessa consciência.

Em resumo, ao identificar os seus bloqueios, você ganha o poder de transformá-los em trampolins para o sucesso. Comece a observá-los com atenção, aplique ferramentas de autoconhecimento e busque superá-los diariamente. Com o tempo, esses desafios se transformarão em oportunidades, e você perceberá que o que antes parecia uma limitação é, na verdade, um ponto de grande crescimento.

Se você quer alcançar essa mesma descoberta, o primeiro passo que deve dar é observar atentamente quais são os seus bloqueios, porque muitas vezes eles escondem o seu verdadeiro potencial. Ao enfrentar os seus medos e as suas limitações, você se abre para entender melhor as suas qualidades. Ao se questionar sobre as dificuldades, o que antes parecia fraqueza pode revelar virtudes surpreendentes. Avaliar as áreas que mais o desafiam pode ser uma oportunidade para descobrir novas habilidades.

Essa transformação abre novas portas pessoais e profissionais, possibilitando um crescimento contínuo e uma transformação real na sua vida. Identificar as suas virtudes após ser provocado pelas suas fraquezas requer autorreflexão. Pergunte-se:

- Quais atividades me deixam mais desconfortável?
- Por que isso acontece?
- O que aprendi ao longo da vida e que posso aplicar para superar essas barreiras?

Ao fazer essa análise, você começa a enxergar como os seus pontos de bloqueio podem se transformar em áreas de excelência.

O objetivo deste livro é exatamente este: entregar a você, leitor, as ferramentas e as orientações necessárias para que você se torne um profissional de alta performance como eu. Ao longo de cada capítulo, ofereci uma jornada de autodescoberta e desenvolvimento, com técnicas e práticas comprovadas, para que você possa desbloquear o seu verdadeiro potencial e alcançar o sucesso em todas as áreas da sua vida.

Em um mundo cada vez mais conectado digitalmente, a construção de relacionamentos e conexões fica cada vez mais urgente. A agitação do dia a dia e as demandas constantes muitas vezes nos levam a negligenciar a arte de cultivar relacionamentos mais profundos, porque estamos acostumados a viver interações rápidas e superficiais.

É importante reavaliar o valor dos relacionamentos intencionais, que são aqueles construídos com base na empatia, na compreensão e no interesse genuíno pelo próximo. São eles que enriquecem a nossa vida pessoal e profissional e servem como alicerce para o sucesso.

É por isso que eu digo e repito: enfrente as suas limitações e esteja disposto a se livrar delas. Essa decisão transformará o que parecia uma prisão em uma história de libertação e autodescoberta.

O primeiro passo para fazer isso é conquistar a autopercepção. Pare por um momento e reflita sobre os bloqueios que o impedem de alcançar os seus objetivos. Faça uma lista clara dos obstáculos e busque entender de onde eles vêm e como eles impactam a sua vida. Identifique as áreas em que você se sente estagnado ou frustrado. Se quiser, anote tudo a seguir.

Depois, faça uma mudança incremental. Em vez de buscar uma transformação radical e imediata, comece devagar, criando micro-hábitos. Defina pequenas metas diárias ou semanais, para que seja possível lidar com uma limitação por vez. Essas ações podem ser algo tão simples quanto melhorar a comunicação com colegas de trabalho ou aprimorar a sua organização pessoal. O importante é que cada passo dado com consistência levará à superação dessas barreiras.

Um dos maiores erros que você pode cometer ao iniciar a sua jornada de mudança pessoal é tentar mudar tudo do dia para a noite. Não há nada pior do que isso, uma vez que essa mudança radical não é sustentável no longo prazo e pode gerar um efeito inverso, que é a sensação de fracasso, de que você não consegue mudar, de que os seus bloqueios estão enraizados a ponto de não ser possível aplicar uma mudança.

Por isso, comece pelo micro, com os micro-hábitos, que são muito poderosos e servem para todas as áreas da vida. Por exemplo, se você tiver uma dificuldade específica em dizer "não" às pessoas quando os pedidos que elas fazem não se adequam àquilo que você busca para a sua vida, comece dizendo esse tão temido "não" aos poucos, um por vez, selecionando em quais situações ele causará o mínimo de estresse possível para você. Lembre-se de que sair da sua zona de conforto sempre causará certo nível de estresse, mas trata-se de algo positivo que vai incentivar você a mudar a sua realidade.

Além disso, é crucial buscar o aprendizado contínuo. Inscreva-se em cursos, leia livros e participe de treinamentos focados em melhorar as suas habilidades nas áreas em que você se sente limitado. Ferramentas como o feedback ativo também são poderosas, então converse com pessoas em quem você confia e esteja aberto a receber críticas construtivas, usando-as como oportunidades de crescimento.

Por fim, pratique a autoavaliação contínua. Ao fim de cada dia ou semana, pergunte-se:

- Quais progressos eu fiz no objetivo de superar as minhas limitações?
- Que áreas ainda precisam de atenção?

A chave para vencer essa jornada é ter disciplina e paciência. Ao aplicar essas ferramentas, você estará no caminho certo para alcançar a libertação e a autodescoberta.

Aprenda a ouvir

Ter falado tão pouco durante certa fase da minha vida me fez desenvolver um dos grandes segredos dos relacionamentos: a arte de saber ouvir. Hoje, essa habilidade é chamada de *escuta ativa* e vai além de simplesmente ouvir as palavras, sendo uma prática profunda de se envolver por completo no que a outra pessoa está comunicando, com empatia e compreensão. Como eu vivia o bloqueio de não falar, oferecia o meu foco total e a minha atenção às pessoas com quem conversava, deixando de lado qualquer distração ou interrupção.

A escuta ativa fortalece relacionamentos e cria conexões mais profundas. É uma ferramenta poderosa que permite a conexão de corações e mentes daqueles que estabelecem uma conversa ou um relacionamento. Ao expressarmos interesse na vida das pessoas, nas aspirações e nos sentimentos delas, abrimos portas para relações verdadeiras. Isso é muito poderoso.

VOCÊ SABE OUVIR DE MANEIRA ATIVA?

Para desenvolver a escuta ativa, o primeiro passo é estar consciente de onde você está colocando a sua atenção. Essa prática requer total presença no momento, o que significa eliminar distrações como celulares e outras interrupções. Ao interagir com alguém, concentre-se no que a pessoa está dizendo, no tom de voz que ela usa, nas expressões faciais que faz e até na linguagem corporal. Isso não só melhora a sua compreensão da mensagem como também fortalece a conexão com quem está falando.

Sinais de que você já pratica a escuta ativa incluem se lembrar de detalhes das conversas que teve, responder adequadamente a perguntas ou dúvidas sem precisar que sejam repetidas, além de as pessoas buscarem a sua opinião por sentirem que você realmente as ouve. Se esses pontos são familiares, talvez você já tenha um bom nível de escuta ativa, mesmo sem saber.

Construa relacionamentos intencionais **151**

Por outro lado, se você perceber que não tem essa habilidade bem desenvolvida, comece a praticar a empatia. Coloque-se no lugar do outro, ouça sem julgar ou interromper e faça perguntas que demonstrem interesse genuíno no que a pessoa está dizendo. Repetir ou parafrasear o que o outro disse é uma ótima técnica para confirmar o entendimento, além de mostrar que você realmente está engajado na conversa.

Aplicações da escuta ativa podem variar em contextos pessoais e profissionais. Em casa, ouvir com atenção os seus filhos e a sua esposa ou o seu esposo fortalece os laços afetivos, especialmente ao fazer contato visual direto, sem mexer no celular, por exemplo. No trabalho, essa habilidade melhora o ambiente, pois você entende as necessidades da equipe e dos clientes, resolve problemas mais rapidamente e ganha a confiança dos demais.

A escuta ativa não apenas melhora as suas relações como também permite que você desenvolva a sua capacidade de liderança e de solução de conflitos, características que são essenciais para qualquer profissional de alta performance. Você tem dedicado tempo e atenção verdadeira às pessoas ao seu redor ou está constantemente distraído com outras preocupações ou tecnologias?

Entenda como determinantes o modo como você encara a construção de relacionamentos e a importância que dá a eles. Se mantém uma postura aberta, positiva e dedicada a contribuir para o crescimento de todos ao seu redor, significa que o seu ambiente interno está alinhado com o desenvolvimento de conexões significativas.

Nesse sentido, é importante que você tenha em mente que desenvolver networking não é distribuir cartões de visita ou fazer contatos superficiais: trata-se de construir relacionamentos genuínos e duradouros. A sua abordagem, autenticidade e capacidade de agregar valor aos outros são aspectos determinantes. A maneira como você constrói e mantém as suas conexões, profissionais ou pessoais reflete diretamente na qualidade do seu network.

Se o seu ambiente interno está centrado em ser proativo, ouvir com atenção, oferecer apoio e construir pontes, certamente as suas interações tenderão a refletir essas características. Lembre-se: networking é uma via de mão dupla, então o que você oferece é tão importante quanto o que recebe.

Hoje, está na moda aumentar a rede de contatos para fazer melhores negócios e alcançar maiores resultados. Porém, o networking é o alicerce das conexões, um estilo de comunicação presente em cada pessoa, algo que cada um carrega de maneira autêntica e única. É o modo como cada um de nós leva a comunicação e a energia para o ambiente em que estamos inseridos.

É necessário entender que essa ferramenta deve ser usada de maneira intencional, e não interesseira, isto é, não se trata apenas de obter favores ou oportunidades, e sim de construir conexões fortes e vantajosas para todos os envolvidos. Este é o verdadeiro relacionamento intencional: ser autêntico, verdadeiro e legítimo, levando reciprocidade para as relações.

Tenha sempre em mente que você oferece e recebe algo nos relacionamentos que deseja construir. Esse é um processo natural na vida, no qual há mútua ajuda entre as pessoas que convivem. Ainda assim, tenha cuidado ao se relacionar com pessoas que querem apenas sugar, sem entregar nada. Esse tipo de pessoa drena tudo que está em volta e se aproveita das situações apenas em benefício próprio, sem nenhum retorno ao próximo.

Relacionamentos intencionais são aqueles em que realmente nos conectamos com outras pessoas. Em vez de apenas pensar em ganhar dinheiro, focamos a construção de amizades e parcerias genuínas. Isso significa conhecer as pessoas por trás das empresas, entender as necessidades delas e apoiar uns aos outros.

A Bíblia nos ensina, no livro de Salmos 133:1, que é bom e agradável quando irmãos convivem em união.[39] Relacionamentos saudáveis e baseados na Bíblia trazem cura, não desconforto, então, antes de buscar relacionamentos intencionais, procure cultivar o mais importante dos relacionamentos: com Deus. Jesus passou muito tempo com pessoas durante o ministério aqui na Terra, criando laços profundos com os discípulos e abençoando estranhos que o seguiam. Ele encontrava energia e tempo para muitas pessoas, começando e terminando o dia em oração com o Pai.

Para cultivar relacionamentos intencionais com as pessoas, é essencial priorizar o relacionamento com Deus em primeiro lugar. Um dos grandes impeditivos dos bons relacionamentos é o famoso egoísmo. Muitas vezes, preferimos gastar o nosso tempo livre conosco em vez de investi-lo em outras pessoas; porém, investir tempo em relacionamentos intencionais é uma parte fundamental da construção de uma vida significativa. Além disso, contribui para a edificação do Reino de Deus, o que, por si só, já é um ótimo motivo para você começar a se relacionar de maneira intencional e construtiva.

No mundo corporativo, em que muitas vezes as pessoas só querem fechar negócios o mais rápido possível, os relacionamentos intencionais geram uma vantagem, pois ajudam a construir parcerias fortes das quais todos saem ganhando. Isso porque negócios e projetos

---

39 BÍBLIA. Salmos 133. Disponível em: https://www.bibliaonline.com.br/acf/sl/133/1. Acesso em: 20 dez. 2024.

acontecem após haver uma conexão de energias; são almas que se relacionam e expressam o desejo de construir algo a mais juntas.

Busque esses relacionamentos pessoalmente, olho no olho, talvez tomando um café ou compartilhando uma refeição com quem é importante para você. Conversas presenciais têm uma profundidade que não é encontrada em mensagens no mundo virtual. Valorize momentos juntos e evite distrações, como ficar checando o celular enquanto alguém compartilha experiências. Deixe o celular de lado e se concentre nas pessoas ao seu redor.

Eu gosto muito da abordagem de Maquiavel sobre o poder de manipulação aplicado aos relacionamentos – mas não a manipulação com conotação negativa. O foco dele é a intencionalidade que leva ao aprofundamento das relações e ao surgimento de grandes oportunidades. Assim como os governantes precisam cultivar alianças estratégicas, as pessoas em bons relacionamentos podem se beneficiar ao construir e manter redes de apoio. Isso pode incluir amizades e parcerias profissionais que ofereçam suporte emocional e prático, encontrando soluções de compromisso que atendam às necessidades de ambas as partes, mesmo que não sejam ideais para uma delas.

No coração de uma equipe de sucesso reside a qualidade dos relacionamentos entre os membros. Quando você cultiva conexões genuínas e promove uma cultura de confiança, respeito, apoio e colaboração na sua empresa, consegue formar equipes que podem alcançar resultados extraordinários e criar um ambiente de trabalho gratificante e inspirador para todos os envolvidos.

A confiança é o alicerce sobre o qual se erguem relacionamentos eficazes. Em uma equipe, a confiança permite que os membros se sintam seguros para compartilhar ideias, expressar preocupações e assumir riscos calculados. Saber que se pode contar com os colegas em momentos difíceis cria um senso de pertencimento e de segurança psicológica que é fundamental para o desempenho coletivo.

Valorize essas conexões especiais e faça delas uma parte importante da sua vida. Quando você se importa com as pessoas ao seu redor, todos os envolvidos podem alcançar coisas incríveis juntos.

Conectar-se com as pessoas na essência é algo sagrado, é sentir a energia divina que pulsa em cada ser humano, porque essa energia de entrega, de serviço, é o que nos impulsiona para o sucesso em todas as áreas da vida.

Ser intencional é ser direto, transparente e objetivo. É respeitar o seu tempo, a sua vida e a sua jornada. Por isso, convido você a ser mais intencional em tudo o que fizer a partir de agora. Que cada passo, cada palavra e cada decisão sejam decididos com a clareza e a determinação da sua intenção de contribuir e agregar valor a tudo que se propuser a fazer. Como aprendi ao longo da minha jornada, a intencionalidade é a chave para uma vida plena e realizada.

Aprenda a construir unidade

Identificar o elo mais fraco, cuja ruptura pode comprometer o sistema, é urgente. Para isso, é necessário mapear detalhadamente todo o sistema, buscando entender a interdependência de cada componente para chegar à verdadeira raiz dos problemas e determinar o ponto crítico que desencadeou a falha geral do sistema.

Quando um esportista precisa encerrar a carreira por causa do tendão de Aquiles machucado, como aconteceu comigo, a raiz desse acontecido não é o tendão por si só, pois essa lesão é apenas o reflexo do que ocorria no corpo desse jogador e vinha sendo camuflado ou ignorado, como sobrecarga ou impactos frequentes. Nesse caso, o tendão é apenas o elo mais fraco: o sistema se desequilibrou, e o elo mais fraco foi rompido.

QUAL É O ELO MAIS FRACO DA SUA EMPRESA? DA SUA CASA? DO SEU AMBIENTE?

Atrás do elo mais fraco há todo um sistema comprometido, então chega a hora de fazer o mapeamento e entender se ainda há tempo de resolver esse problema, pois não adianta simplesmente continuar aplicando esforços inúteis que não serão capazes de solucionar algo que já se rompeu.

Quando eu lidero um grupo, procuro compreender o que pode desestabilizá-lo e qual é a capacidade de entrega de cada membro. Se algum deles não corresponde ao treinamento dado, eu analiso a situação e descubro quais são as ações eficazes para evitar que aquele elo se rompa. Um líder precisa conhecer bem a própria equipe e ser capaz de interpretar os sinais corporais mais simples, agindo rapidamente para resolver problemas e não prejudicar o grupo.

Uma equipe é o único corpo que deve trabalhar em unidade, formando uma essência forte e invencível que fortalece qualquer grupo ou equipe. Quando os indivíduos se unem, entendendo que são um só corpo, capazes de vencer ou fracassar em busca de um objetivo comum, transcendem as diferenças e se tornam parte de algo maior do que eles mesmos. É essa força que transforma um grupo em pessoas capazes de superar desafios e alcançar grandes feitos.

Construir a unidade começa também na nossa vida, a partir de nós, na nossa casa, com a nossa família e os nossos filhos, e depois nos ambientes em que estamos, como no trabalho, na empresa e na equipe.

Construa relacionamentos intencionais **157**

Esse princípio, quando entendido na essência, é poderoso para preservar relacionamentos e superar desafios. Estar em unidade é como jogar frescobol, em que todos os integrantes têm a função de manter a bola no ar o maior tempo possível, fazendo a dupla estar o tempo todo em unidade e sintonia.

Reflita se você está jogando frescobol ou tênis com a sua esposa ou o seu esposo. Vocês estão em unidade para não deixar a bolinha cair no chão ou um está jogando a bola para o outro na intenção de fazê-la cair e um dos dois vencer o jogo? Se vocês estão no frescobol, acredite, você está pronto para ensinar e praticar essa dinâmica na sua empresa.

> **" VOCÊ PODE CONQUISTAR MAIS AMIGOS EM DOIS MESES, INTERESSANDO-SE GENUINAMENTE POR OUTRAS PESSOAS, DO QUE EM DOIS ANOS TENTANDO FAZER COM QUE OUTRAS PESSOAS SE INTERESSEM POR VOCÊ."**
>
> DALE CARNEGIE [40]

---

40 CARNEGIE, D. **Como fazer amigos e influenciar pessoas**. Rio de Janeiro: Sextante, 2019.

DESAFIOS PRÁTICOS DE TRANSFORMAÇÃO

1. Crie uma lista de pessoas com as quais você deseja construir relacionamentos intencionais. Podem ser colegas de trabalho, amigos ou até mesmo novas pessoas que você gostaria de conhecer.

2. Escolha uma pessoa da lista e convide-a para tomar um café ou almoçar em um lugar bonito e agradável. Durante o encontro, pratique uma conversa autêntica, focando ouvir atentamente e compartilhar as suas experiências de maneira genuína. Escreva aqui o nome da pessoa e que tipo de encontro você pretende ter com ela.

3. Identifique uma maneira pela qual você pode ajudar alguém da sua rede de contatos. Pode ser oferecendo suporte em um projeto, compartilhando recursos ou simplesmente estando presente para ouvir e aconselhar. Escreva um breve plano para atingir esse objetivo.

_____

_____

_____

_____

_____

_____

4. Escolha uma pessoa com quem você se conectou recentemente e envie uma mensagem para verificar como ela está e se oferecer para ajudá-la, caso ela precise. Manter o contato regular é fundamental para fortalecer os relacionamentos ao longo do tempo. Escreva a seguir um esboço da mensagem que deseja enviar.

_____

_____

_____

_____

_____

_____

5. Reflita sobre as relações da sua vida nas quais você pode fortalecer a confiança e o respeito mútuos. Considere maneiras de demonstrar confiança e respeito nas suas interações diárias, sendo honesto, cumprindo as suas promessas, agindo com congruência e respeitando os limites dos outros. Anote a seguir quais pontos precisam ser reforçados e mais bem trabalhados.

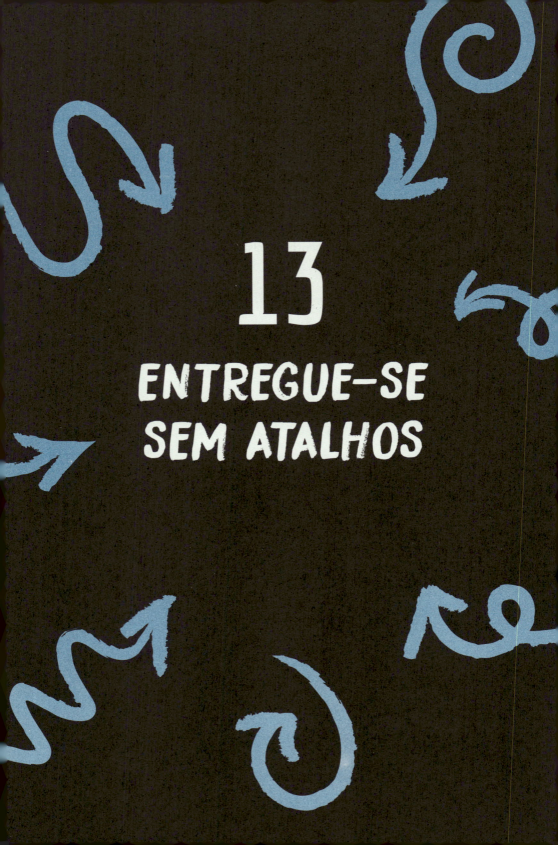

> **" O SUCESSO É A SOMA DE PEQUENOS ESFORÇOS REPETIDOS DIA APÓS DIA, SEM ATALHOS."** ROBERT COLLIER [41]

Muitos procuram caminhos mais curtos para alcançar o sucesso, usando atalhos que prometem resultados rápidos. Porém, a verdadeira jornada para alcançar os nossos objetivos deve ser construída com dedicação, comprometimento e, principalmente, entregando o nosso melhor a cada passo. Eu sei que pode ser tentador pensar que há maneiras fáceis de chegar ao topo, mas o real progresso vem do esforço contínuo e da entrega consistente.

Entregar o seu melhor significa ir além, desafiando-se diariamente e comprometendo-se com a excelência. É um comprometimento não apenas com os resultados, mas também com o processo de crescimento diário. Quando você escolhe entregar o seu melhor, opta por uma abordagem que valoriza tanto a jornada quanto o destino. A entrega não conhece atalhos, mas exige tempo, paciência e perseverança, porque ela vai além, é uma doação de si mesmo, uma missão de se entregar por completo aos objetivos que você almeja alcançar.

---

41 COLLIER, R. **The Robert Collier letter book**. Tennessee: Lightning Source Inc., 2013.

Doar-se significa estar totalmente presente no momento, enfrentando desafios com coragem e resiliência. É a disposição de ir além dos limites percebidos, superando obstáculos com determinação e força. Em muitos casos, é essa entrega completa que diferencia os bem-sucedidos. Isso porque, quando você se entrega, encontra a força necessária para persistir diante das adversidades. Cada desafio se torna uma oportunidade de demonstrar comprometimento e dedicação.

O sucesso não é resultado de talento ou sorte, é uma manifestação da sua missão. Não hesite em doar-se inteiramente à sua jornada, pois será nessa entrega completa que você encontrará o verdadeiro significado do sucesso. Não existem atalhos mágicos, mas há um poder transformador na entrega do seu melhor a cada momento.

A sua missão é se entregar

Eu abordei esse assunto em praticamente todo o livro, para você fixar na sua mente a importância da entrega total. Sempre me comprometi a dar o meu melhor, independentemente das circunstâncias. A minha entrega sempre ultrapassou os limites, pois eu sabia que precisava ser excepcional para alcançar os meus objetivos. Recordo-me dos momentos em que o meu técnico me desafiava a ir além: "Rafic, você precisa se destacar na paralela", ele dizia. Era aí que eu triplicava os meus treinos para atacar na paralela. Enquanto outros faziam cinco peixinhos, eu fazia trinta, quarenta, cinquenta mergulhos.

Quando era necessário treinar sem parar, eu sacava duzentas vezes. A minha entrega era intensa, quase obsessiva, e, muitas vezes, resultava em lesões. Cada lesão, cada cirurgia, foi um preço que paguei pelo meu comprometimento. Apesar das dificuldades, não me arrependo de ter dado tudo de mim. Para obter resultados acima da média, era preciso fazer uma entrega acima da média.

Quando jovem, eu não compreendia o conceito de *propósito*. Foi somente anos depois, durante a construção da minha carreira e dos meus projetos, que entendi o verdadeiro significado. Enquanto muitos buscavam o propósito, eu estava ocupado construindo o meu.

Eu nunca disse a palavra "propósito", porém, ao longo dos anos, fui desenvolvendo o meu propósito diariamente, com base nos meus objetivos e na minha visão de vida. Aprendi que o propósito não é algo a ser encontrado, e sim algo a ser construído. Ao longo de quase trinta anos de dedicação, escrevi e aprimorei o meu propósito, adaptando-o a diferentes fases e desafios da vida.

Já pensou em qual é o seu propósito na vida? Construir o seu propósito torna a vida mais rica de significado. Apesar de muitas pessoas falarem sobre isso, poucas de fato vivem uma vida verdadeiramente significativa.

Você tem alguma ideia de qual é o seu propósito? Acredita que está aqui por mero acaso? Eu asseguro que não! Estamos aqui para mais do que apenas existir, estamos aqui para desempenhar o nosso papel e o nosso propósito de vida, muitas vezes por meio das nossas habilidades.

"Ikigai" é uma palavra japonesa que significa razão de existir. É um conceito bastante importante e uma ferramenta que pode auxiliar você na jornada de construção do seu propósito de vida. Responda às quatro perguntas a seguir e comece a desvendar o seu propósito.

1. O que você gosta de fazer? Liste as atividades que faria sem cobrar nada por elas. Lembre-se do que você amava fazer quando tinha entre 7 e 14 anos.

_____

_____

_____

_____

_____

_____

2. No que você é realmente bom? Quais são as suas principais forças de caráter? Conhecer essas habilidades é decisivo para entender e se conectar com a sua missão de vida.

_____

_____

_____

_____

_____

_____

_____

3. Você consegue ganhar dinheiro com isso? Considere se as atividades que você ama podem ser fontes de renda.

4. Do que o mundo precisa? Como as suas paixões e as suas habilidades se alinham às necessidades do mundo? Como você pode contribuir para tornar o mundo um lugar melhor para todos?

Um dos maiores obstáculos para descobrir o nosso propósito são as crenças que carregamos desde a infância. Essas crenças limitantes podem restringir a nossa capacidade de nos entendermos e buscarmos o que é significativo.

Bloqueios emocionais são crenças limitantes que se enraízam de maneira profunda na mente, moldando a nossa percepção do mundo e de nós mesmos. Eles podem surgir de experiências negativas, de julgamentos externos ou do modo como fomos ensinados a lidar com o fracasso. Essas barreiras afetam diretamente a nossa capacidade de identificar e perseguir o nosso propósito.

Para superar esses bloqueios, o primeiro passo é reconhecê-los. Isso exige autoconsciência e disposição para questionar as crenças enraizadas que nos fazem duvidar das nossas capacidades. Um bom exercício é identificar situações em que o medo de falhar, a insegurança ou a autoimagem negativa interferiram nas suas decisões e nos seus comportamentos. A partir disso, você pode começar a reescrever essas histórias, substituindo crenças limitantes por afirmações positivas, ensinando ao seu subconsciente que você é capaz, merecedor de sucesso e de realização pessoal e profissional.

Além disso, trabalhar com um mentor ou terapeuta pode ajudar a identificar padrões de comportamento e crenças que agem como barreiras emocionais, pois a orientação profissional oferece um suporte valioso no processo de enfrentamento e liberação dessas limitações. A prática regular de meditação e a busca por autoconhecimento também são ferramentas poderosas para cultivar uma mentalidade mais fortalecida e resiliente, ajudando você a reformular pensamentos e a se conectar de maneira mais profunda com o seu propósito.

O sucesso é fruto de uma jornada de transformação interior, além do trabalho árduo. Ao se conscientizar dos seus bloqueios, você pode trabalhar ativamente para removê-los, liberando o seu verdadeiro potencial para se tornar um profissional de alta performance.

Se você ainda acredita que não é bom o suficiente, que faltam habilidades ou que não merece o sucesso, essas crenças podem sabotar os seus esforços para descobrir o seu propósito. O medo de falhar ou de ser julgado pelos outros também pode ser uma barreira. Muitos alunos que eu mentoreei não tinham uma compreensão profunda de si mesmos, desconhecendo paixões, valores e interesses, e é por isso que eu sempre reforço que descobrir o seu "porquê" envolve autoexploração, reflexão e, em alguns casos, orientação profissional.

Se você deseja ter sucesso em todas as áreas da vida, fortalecer quatro bases primordiais é essencial: autoconsciência, autocontrole, consciência social e habilidade de relacionamento.

A autoconsciência é a base que nos permite reconhecer os nossos pensamentos e as nossas emoções de maneira profunda. Para fortalecê-la, a prática da autorreflexão é essencial. O hábito de questionar-se sobre os seus sentimentos e comportamentos diante de situações cotidianas ajuda a compreender melhor quem você é e o modo como reage ao mundo. Isso permite que você tome decisões mais alinhadas com os seus valores e os seus objetivos.

Já o autocontrole envolve a capacidade de gerenciar as suas emoções e reações. Para desenvolvê-lo, é importante adotar técnicas de mindfulness, respiração e planejamento, que ajudam a criar espaço entre a emoção sentida e a reação que ela pode desencadear. Assim, você evita agir impulsivamente e consegue fazer escolhas mais equilibradas em momentos críticos.

A consciência social é a habilidade de compreender e empatizar com os outros, sendo essencial para fortalecer relacionamentos.

Entregue-se sem atalhos **169**

Para aprimorar essa capacidade, é fundamental praticar a escuta ativa, prestando atenção plena ao que os outros dizem e sentem. Isso cria uma conexão verdadeira, promovendo relações mais profundas e de confiança.

Por fim, a habilidade de relacionamento se refere à capacidade de construir e manter conexões autênticas com os outros. Ela se fortalece quando você investe em uma comunicação honesta e clara, buscando resolver conflitos de maneira construtiva e promovendo a cooperação mútua. Estabelecer essa base envolve estar presente nas relações e ser intencional nas suas interações, cultivando respeito e reciprocidade em todas as áreas da vida.

Empreender é ser a solução para os desafios que surgem diariamente. Já se imaginou ajudando a transformar a vida de milhares de pessoas? Feche os olhos e visualize-se realizando isso. O que você vê? Escreva essa cena a seguir, dando vida à sua visão.

Muitas vezes, é comum utilizar desculpas, reclamando de falta de oportunidade. Se os seus pensamentos são negativos, os resultados serão negativos. Identifique as suas crenças limitantes e reescreva-as com significados positivos. Trabalhar com as crenças é um processo contínuo que exige paciência e adaptação à medida que se ganha insights sobre como elas impactam a sua jornada em busca do seu propósito de vida.

Para construir o seu propósito, cultive uma mentalidade focada nesse objetivo. Pratique a gratidão, porque ela o conecta com o que é verdadeiramente significativo na vida. Com ela, é possível aprender a apreciar os momentos simples e a reconhecer as bênçãos que já tem.

Viver o seu propósito de vida é uma jornada de autodescoberta e crescimento. À medida que você se compromete com essa jornada, é desafiado a crescer, evoluir e se tornar a melhor versão de si mesmo todos os dias. Não é uma jornada fácil, mas dá a sensação de estar em sintonia com a sua verdadeira essência e de contribuição para o mundo e as futuras gerações.

O propósito não é um destino final, e sim uma jornada.

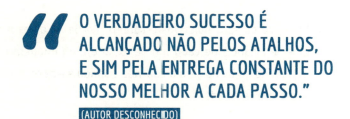

"O VERDADEIRO SUCESSO É ALCANÇADO NÃO PELOS ATALHOS, E SIM PELA ENTREGA CONSTANTE DO NOSSO MELHOR A CADA PASSO."
(AUTOR DESCONHECIDO)

DESAFIOS PRÁTICOS DE TRANSFORMAÇÃO

1. Crie uma linha do tempo representando a sua jornada pessoal em relação aos bloqueios emocionais que identificou na sua vida até aqui. Use símbolos, cores e imagens para representar diferentes momentos e experiências ao longo dessa jornada.

2. Depois de criar a linha do tempo, reflita sobre cada fase ou evento representado. Identifique como surgiram esses bloqueios emocionais, como eles afetaram as suas experiências e os seus relacionamentos e o que você aprendeu com cada um deles.

_____

_____

_____

_____

3. Visualize os seus objetivos e sonhos. Feche os olhos e imagine-se alcançando cada um deles. Crie uma imagem real e detalhada de como será a sua vida quando esses objetivos se tornarem realidade.

_____

_____

_____

_____

_____

_____

_____

4. Escolha uma meta ou um objetivo específico que deseja alcançar e escreva uma declaração de intenção positiva e afirmativa sobre isso. Por exemplo: "Estou comprometido em alcançar [meta] e estou aberto para receber todas as oportunidades que me levarão a isso".

5. Faça uma lista das atividades que fazem você se sentir vivo e realizado. Considere como você pode integrar mais dessas ações na sua vida diária.

6. Identifique uma atitude específica que você pode colocar em prática hoje para se aproximar de um dos seus objetivos ou viver mais alinhado com o seu propósito. Pode ser algo pequeno, como enviar um e-mail para alguém que você admira ou reservar tempo para praticar uma habilidade que você ama.

14

SEJA O SEU MAIOR EXEMPLO E REFERÊNCIA

"VOCÊ É SEU ÚNICO CONCORRENTE. SUPERE-SE TODOS OS DIAS."
CHETAN BHAGAT [42]

Eu sou uma referência para mim mesmo. Eu mereço tudo que conquistei e ainda conquistarei na vida, porque observo, mentalizo, visualizo, organizo e coloco o plano em ação; executo. Conquistei tudo que mentalizei com organização e muita execução. É preciso, sim, mentalizar e visualizar as coisas, porém o mais importante é agir. É a execução que faz você subir de nível.

Quem é a sua primeira referência? Não espere nada de ninguém. Faça você mesmo e se torne a sua maior referência.

Pergunte-se e mentalize todos os dias:

- O que eu quero da vida?
- Aonde eu quero chegar?
- Quais são os meus processos?
- O que eu tenho dentro de mim?
- É isso mesmo que eu quero?

---

42 BHAGAT, C. **What young India wants**. Rupa Publications, 2012.

Tornei-me a minha própria referência desde quando comecei a tomar as minhas próprias decisões e me posicionei, definindo com convicção e certeza que a única pessoa de quem eu precisava era eu mesmo. Tudo de que eu precisava já estava dentro de mim.

Você não precisa de motivação externa, porque essa motivação tem prazo de validade. Você tem que ser o seu maior exemplo. Vulnerabilidade e fraqueza devem ser usadas para enxergar aquilo em que é preciso melhorar, então aprenda a se automotivar, a se autopromover e a encontrar dentro de você as respostas para tudo que busca. Pare de procurar motivação externa, respostas em outras pessoas, e aceite que tudo já está dentro de você mesmo.

Em um mundo repleto de influências externas e expectativas sociais, é fácil perder de vista a nossa própria essência e nosso potencial. No entanto, há uma poderosa fonte de inspiração que reside dentro de cada um de nós: a capacidade de nos tornarmos o nosso próprio exemplo. Essa autodeterminação nos impulsiona a enfrentar os obstáculos com resiliência e a transformar adversidades em oportunidades de crescimento.

Lembro-me de quando voltei para o Brasil, aos 33 anos. Havia um time montado em Brasília, onde eu ia jogar. Aquilo era incrível, porque eu poderia jogar em casa, próximo da minha família. Mas, antes que isso acontecesse, rompi o tendão de Aquiles jogando na superliga. Seria a minha oitava cirurgia. A lesão foi tão grave que precisei abandonar as quadras.

A falta de base familiar e educação financeira me fizeram estremecer, com medo de repetir a ruína vivida pelos meus avós. Voltei para casa com 3.500 reais e um carro. Era todo o dinheiro que me havia sobrado ao longo de vinte anos de carreira, resultado da falta absoluta de planejamento e de visão de futuro.

Seja o seu maior exemplo e referência   **177**

Coloquei todas as minhas roupas no carro e voltei para a casa da minha mãe. Apesar de todos os problemas, eu finalmente ficaria próximo dela outra vez, e isso já me deixava feliz. Mas o nosso tempo de felicidade não durou muito, pois a minha mãe foi diagnosticada com um câncer na coluna.

Apesar de todo sofrimento que vivemos juntos, foi um tempo de muita conexão e proximidade entre nós. Foram apenas três meses de muita intensidade entre o diagnóstico e o falecimento dela. Durante esse tempo, pudemos brincar e rir muito juntos, o que me deixou recordações preciosas que levarei para sempre no meu coração.

Ainda assim, foi um tempo de dificuldade, em que tudo parecia pesado demais. Não havia perspectivas, e a minha esperança parecia ter terminado. Comecei a beber muito, de segunda a segunda, e várias vezes acelerei o meu carro com o desejo de que acontecesse algum acidente que pudesse pôr fim a todo aquele sofrimento e falta de sentido. Até que um dia compreendi que nada que nos acontece é por acaso, que tudo aquilo tinha um propósito, e eu precisava descobrir qual era.

Naquele momento, mergulhei dentro de mim mesmo e resgatei o Rafic de 13 anos, aquele menino cheio de sonhos e força de vontade que estava disposto a entregar o melhor para vencer. Ele me tirou daquele lugar escuro e reacendeu a chama que havia se apagado dentro de mim. Aquele menino que acordava de madrugada e caminhava uma hora e meia por dia, que se esforçava mais que todo mundo, resgatou a minha essência. Foi assim que pude voltar a sonhar e dar um novo sentido para a minha vida.

Voltei a estudar e cursar Educação Física; consegui uma bolsa que cobria 100% dos gastos. Novamente fiz o meu melhor. Foram outros quatro anos entregando tudo de mim, procurando ser o melhor, sempre com as maiores notas e os melhores resultados. Eu já entrei com o meu modelo mental de ser o melhor. Já era um profissional, mesmo antes de me formar.

Após a graduação, fui para uma academia, para perseguir o meu objetivo. Eu queria ser personal trainer, por isso precisava frequentar o ambiente onde estavam esses profissionais e modelar as atitudes deles. Modelei o personal mais famoso da academia, que na época tinha doze alunos. Estudei tudo, inclusive fisiologia, para entender os movimentos do ser humano e ter um diferencial.

Estar naquele ambiente me ajudou a aprender mais rápido. Com dedicação e entrega, entendi mais sobre pessoas, consegui ser mais simpático e ter uma energia elevada. Aprendi processos e implementei muito do que aprendi quando estava no vôlei: mentalidade, foco, resistência, consistência.

Após quatro anos, eu já tinha 28 alunos como personal trainer. Eu me programei e me dediquei por quatro anos para alcançar o resultado que queria. Me entreguei e dei o meu melhor todos os dias até alcançar os meus objetivos. Na época, eu ganhava cerca de 12 mil reais por mês, mas não tinha vida e não conseguia sair daquele ciclo.

Eu queria ter uma vida abundante e plena, mas vivendo daquela maneira isso jamais ia acontecer. Eu não queria que os meus filhos precisassem dividir um bife, por isso determinei que a escassez da minha família seria interrompida por mim.

Eu e a Sofia já éramos noivos, então montamos juntos um estúdio de treinamento funcional. Fiz vários cursos para aprender gestão empresarial e, no próximo ciclo olímpico de quatro anos, me dediquei integralmente àquele negócio, para me tornar o melhor na área.

Chegamos a ter 280 alunos com a implementação da cultura de consistência, mentalidade e melhora diária constante. Logo tínhamos uma rede com dois estúdios e pouco depois chegamos a Goiânia e ao Rio de Janeiro, além de Brasília. Depois de um tempo, vendemos essa rede e hoje atuamos nas áreas da saúde e da educação em um ecossistema de diversas empresas.

A minha função nesse ecossistema é direcionar a visão e as estratégias dos negócios, dar treinamentos e escolher sócios com mentalidade de crescimento, performance e que tenham valores sólidos que ofereçam ainda mais força para as nossas empresas.

Reconhecer o nosso esforço e a nossa dedicação nos capacita e nos permite sermos uma fonte de inspiração e exemplo para nós mesmos. Cada batalha vencida, cada meta alcançada é uma prova do nosso potencial ilimitado e da nossa capacidade de superar obstáculos.

Quais foram as suas superações até aqui? Você consegue fazer de si mesmo a sua referência? Ao refletir sobre o que realmente quer da vida e traçar um plano para alcançar isso, você está assumindo o controle do seu destino e se colocando no caminho da realização pessoal.

Enfrentar desafios e superar obstáculos nos mostra que somos mais fortes do que pensamos. Ao olhar para dentro de nós mesmos, descobrimos uma fonte inesgotável de força e determinação. Por isso, convido você a ser a sua própria inspiração, a continuar com coragem e confiança.

Você tem o poder de criar o seu destino e alcançar os seus sonhos. Acredite em si mesmo e siga em frente, pois o sucesso está ao seu alcance.

> **" ACREDITE EM SI MESMO E EM TUDO QUE VOCÊ É. SAIBA QUE HÁ ALGO DENTRO DE VOCÊ QUE É MAIOR DO QUE QUALQUER OBSTÁCULO."**
> CHRISTIAN D. LARSON [43]

Oportunidades criam antifragilidade

Outro fator que me faz ser a minha própria referência é me lembrar da minha antifragilidade, que foi construída com dor e desafios, de maneira muito enriquecedora. A minha base forte foi desenvolvida a partir de uma estrutura interna sólida que me permitiu enfrentar os altos e baixos da vida sem ser derrubado pelas adversidades.

Desde os primeiros anos da adolescência, a minha necessidade era palpável, impulsionando-me a dar mais, a fazer mais, a treinar mais do que qualquer outra pessoa ao meu redor. Cada ida ao Minas Brasília Tênis Clube, onde a minha jornada começou, era uma oportunidade de escapar de uma realidade difícil. Eu começava cedo, antes do amanhecer, e terminava tarde, quando as luzes do ginásio se apagavam.

Eu não era o melhor, nem o mais alto, nem o mais forte, mas a minha vontade superava qualquer limitação física, e ali nasceu uma determinação feroz. Se eu quisesse ir para casa todos os dias, precisava andar por quase duas horas, porque eu não tinha dinheiro

---

43 LARSON, C. D. **Your forces and how to use them**. Connecticut: Martino Fine Books, 2012.

para o ônibus, e isso me fazia perder tempo e energia, então quase sempre eu decidia dormir em um quartinho onde eram guardadas as bolas usadas nos treinos.

Essa foi a estratégia que encontrei para diminuir a distância que havia entre mim e os jogadores que começaram mais jovens. Ao acordar já no clube, eu organizava a quadra e deixava tudo pronto para quando o time chegasse. Isso forjou em mim disciplina e consistência. Eu fazia as mesmas coisas todos os dias, e estar no clube o tempo todo me ajudava a não desviar o meu foco. Eu não tinha como dar desculpas.

O sucesso só vem através de disciplina e consistência.

Apesar das dificuldades, eu usava a solidão para me conectar comigo mesmo, visualizar o meu futuro e planejar os meus objetivos. Cada dia de dedicação era um passo em direção à superação, à evolução, à vitória. Por quatro anos, essa entrega foi o meu mantra e a minha filosofia de vida. Viver esses desafios me fortaleceu e mudou a minha perspectiva sobre a vida. Hoje, nenhum desafio ou problema é grande demais para me fazer recuar, nada é maior do que a minha determinação.

Nenhum problema pode ser maior do que a sua vontade de vencer, de superar, de continuar avançando.

Depois de um longo período de dedicação extrema aos treinos, aos 16 anos comecei na seleção brasiliense e joguei um campeonato brasileiro no Maranhão. Fui o melhor jogador da competição e fui convocado para entrar na seleção brasileira de vôlei. Voltei para casa, arrumei as minhas coisas e fui para o Clube dos Oficiais da Polícia Militar de Belo Horizonte, onde a seleção treinava. Novamente, precisei entregar o meu melhor, mas fui cortado às vésperas do campeonato mundial.

Voltei para casa disposto a fazer o que fosse preciso para me adequar às políticas do ecossistema do vôlei. A minha convicção e a minha determinação em fazer dar certo só aumentaram. Então tomei uma decisão: coloquei as minhas coisas em uma mochila, peguei a estrada e fui embora. Eu me emociono muito ao me lembrar dessa época, porque a única coisa que eu tinha era muita determinação em fazer aquilo dar certo e mudar a minha realidade.

No início, joguei em clubes pequenos de Santa Catarina, do Rio Grande do Sul e do Rio de Janeiro, que não tinham boa estrutura. Apesar das reclamações dos colegas, aquilo não me afetava. As queixas não faziam sentido, pois morar naqueles alojamentos não representava uma dificuldade para mim, considerando de onde eu vinha, com condições muito piores. Mesmo diante das dificuldades, eu estava exatamente onde queria estar. Era uma escolha minha estar ali.

Aos 19 anos, joguei no Flamengo e no Palmeiras. Foi no Flamengo que tive realmente a visão de um time adulto e de um ambiente profissional de alta performance. Fiquei quatro anos sem voltar para casa, me dedicando com consistência e disciplina em uma rotina pesada de muito treino e dedicação.

Joguei por dez anos no Brasil e mais dez anos no exterior, passando por vários países. Todos esses anos que passei no esporte foram fundamentais para formar a minha base emocional e de antifragilidade, o que gerou uma herança de força e superação. Hoje, não vejo problemas em nenhuma situação, apenas oportunidades de crescimento e aprendizado, assim como aprendi nas quadras e no mundo empresarial. Entendi o tempo de maturação das coisas.

Cada obstáculo superado me tornou e me torna mais resiliente e preparado para os desafios futuros. Para alcançar essa condição, trabalhei constantemente a minha mentalidade, cultivando pensamentos positivos e uma visão adaptável de mundo. O segredo é encarar os desafios como oportunidades de aprendizado e crescimento, o que torna você uma pessoa antifrágil.

Ser antifrágil vai além de simplesmente resistir aos golpes. Significa estar preparado para o inesperado e encontrar forças e crescimento, mesmo diante do caos. Construir antifragilidade requer dedicação, autodisciplina e uma mentalidade de crescimento. Essa jornada de superação e perseverança muitas vezes começa de modo simples, com a necessidade de sustentar os nossos próprios sonhos e alcançar objetivos.

Todas as experiências que vivi foram oportunidades para fortalecer o meu espírito empreendedor e moldaram a minha percepção diante das circunstâncias que a vida me ofereceu ao longo do caminho. Eu tinha 14 anos quando senti a necessidade de ter dinheiro para comprar as minhas coisas, sustentar o meu sonho, comprar material de treino e pagar passagem de ônibus. Foi aí que tive a ideia de vender marmitas para levantar dinheiro. Eu aproveitava o horário do almoço para fazer um extra: saía de bicicleta com uma caixa de isopor e vendia as marmitas na Esplanada dos Ministérios. A distância que eu percorria de bicicleta era longa, o que acabou contribuindo para a minha performance física, pois aquelas pedaladas em uma bicicleta pesada e sem marcha fortaleciam as minhas pernas e já me deixavam aquecido para os treinos.

Algumas vezes, quando eu estava sem almoço, acabava pegando um bife de uma das marmitas. Eu pensava: "Aqui tem quatro bifes, então não vai fazer falta". Hoje isso soa engraçado, mas aquela era a minha realidade naquele momento, e, para mudá-la, eu precisei de tempo, esforço e dedicação.

Quando parei de jogar vôlei, passei a buscar abacaxis em Padre Bernardo, uma cidade que fica a uma hora de Brasília, e vender nas churrascarias da capital. Eu saía de Brasília às 3 da manhã e chegava bem cedo aos restaurantes, sempre oferecendo produtos de alta qualidade e muito bem selecionados, para despertar o interesse dos comerciantes. Eu garantia o melhor produto e o melhor preço, o que tornava irrecusável a minha oferta.

Sair das quadras de vôlei e começar a vender abacaxis não me deixou envergonhado. Eu precisava produzir e ganhar dinheiro, então encarei esse trabalho como uma nova oportunidade. Ao longo das minhas experiências profissionais com o vôlei, aprendi muito, inclusive o que não fazer para não perder oportunidades.

Lembre-se de que o autoconhecimento foi a chave para que eu pudesse entender, reconhecer, me transformar e escrever este livro. Espero que você siga explorando e descobrindo as muitas coisas que o autoconhecimento pode oferecer. Torne-se um verdadeiro especialista em viver, lidando com os momentos difíceis com resiliência e sabedoria, encontrando neles oportunidades e lições.

São os momentos difíceis que fazem de você uma pessoa antifrágil, alguém que suporta o processo e alcança o sucesso.

Você não está sozinho!

A esta altura do livro, acredito sinceramente que você já tenha passado por uma mudança significativa se tiver colocado em prática todas as ferramentas aqui indicadas.

Se, ainda que por um segundo, você pensou que isso funcionou comigo, mas não funcionará com você, estou aqui para provar o contrário. E, para isso, quero contar dois casos de ex-alunos que agora são grandes amigos. Eu os acompanhei durante um período, e eles viveram mudanças incríveis porque persistiram no processo de evolução, respeitando o tempo e visualizando resultados extremamente significativos.

Antes de aplicar o meu método, Marcelo[44] vivia com uma mentalidade de fracasso. Ele era servidor público, estava infeliz com o trabalho e emocionalmente distante da família, o que resultou em traições e desgastes no casamento. Além disso, ele carregava traumas profundos relacionados ao pai, que, endividado, o sobrecarregou com responsabilidades na infância.

Após iniciar o processo de transformação, Marcelo começou a fazer exercícios diários de visualização, aplicar os princípios para abrir a mente e crer que poderia alcançar e viver coisas extraordinárias se acreditasse em si mesmo. Ele mudou os ambientes que frequentava, começou a ler, fazer cursos e desenvolver a mente todos os dias, em um processo constante de autodesenvolvimento.

Alguns meses depois, Marcelo conseguiu se libertar das crenças limitantes, perdoou o pai e fortaleceu a mente e o espírito através de exercícios mentais. A recuperação de uma cirurgia que fez na coluna foi extraordinária graças à prática de visualização. Hoje, ele é um empresário bem-sucedido, reconciliado com a esposa, mais presente para a família e um verdadeiro exemplo de liderança e equilíbrio.

Outro caso que gosto de citar é o do Sandro. Apesar de tecnicamente ele ser um excelente profissional, era um empreendedor

---

44 Os nomes dos ex-alunos mencionados aqui são fictícios, em respeito à privacidade das pessoas mencionadas.

limitado, preso a crenças de que não merecia o sucesso. Ele lutava contra bloqueios mentais relacionados a dinheiro e posicionamento e não tinha confiança como líder da família.

Ao aplicar o método, Sandro transformou a própria vida. Ele se tornou um empresário de destaque na capital federal, conquistou novos patamares financeiros na empresa, atraiu grandes players do mercado e assumiu uma postura de líder nunca vivida antes na família dele. Até a aparência mudou, refletindo a autoconfiança e a firmeza dos valores e princípios dele.

Assim como Marcelo e Sandro, você também pode transformar a sua vida em todas as áreas, desde o sucesso nos negócios até o fortalecimento dos laços familiares. O processo de transformação é desafiador, mas cada obstáculo superado fortalece a sua resiliência e prepara você para algo maior. Não desista. Lembre-se de que as mudanças reais levam tempo, e a persistência é o que garante alcançar uma vida plena, com propósito e realização.

> **NA VIDA, NÃO PODEMOS EVITAR O SOFRIMENTO, MAS PODEMOS ESCOLHER COMO LIDAR COM ELE, ENCONTRAR SIGNIFICADO NELE E SEGUIR EM FRENTE COM ESPERANÇA E DETERMINAÇÃO."** VIKTOR FRANKL [45]

---

45 FRANKL, V. E. **Em busca de sentido**: um psicólogo no campo de concentração. Petrópolis: Vozes, 2002.

Você conseguiu chegar até aqui!

Reflita sobre a jornada que percorremos juntos, desde os desafios enfrentados na busca incansável por performance e crescimento profissional até as transformações pessoais que esses desafios moldaram ao longo do caminho. Cada capítulo se tornou uma oportunidade de autodesenvolvimento, autodescoberta e superação de si mesmo.

Lembre-se: o sucesso não é o destino final, ele contempla toda a jornada de desenvolvimento que você escolhe trilhar. Quando você enfrenta as suas limitações com coragem e determinação, transforma o que antes parecia uma prisão em uma história de libertação e crescimento.

O grande objetivo deste livro é inspirar você a ser a sua melhor versão, mostrando que a jornada para o sucesso não tem atalhos. A verdadeira transformação pessoal e profissional começa com a decisão de enfrentar os desafios e crescer a cada dia, utilizando as ferramentas que apresentei aqui.

O sucesso é uma construção diária, feita com entrega, resiliência, disciplina e persistência. A cada passo que der em direção aos seus objetivos, você se aproximará de realizar os seus sonhos. Esse processo requer o reconhecimento das suas limitações e, acima de tudo, a coragem de superá-las.

Você tem tudo dentro de si para alcançar o que deseja. Ao construir uma mentalidade sólida, desenvolver as suas habilidades e viver os seus valores, você pode não apenas atingir o sucesso, mas também inspirar aqueles ao seu redor.

Ao chegar ao fim desta leitura, lembre-se de que o verdadeiro aprendizado vem das experiências vividas e que, ao refletir sobre a sua própria jornada, você encontrará a força de que precisa para seguir em frente com confiança. O caminho para se tornar um profissional de alta performance não é fácil, mas é possível para quem se dedica e se compromete com o processo.

Não se engane. Várias pessoas que começaram a ler este livro sequer chegaram até aqui. Se você o fez, já está na frente de todas elas. E mais: muitas lerão, mas jamais aplicarão sequer uma linha do conhecimento aqui repassado. Apenas uma pequena parcela dos leitores vai de fato aplicar as ferramentas e gerar resultados extraordinários na própria vida. Escolha em qual grupo de leitores você quer estar.

Espero que este livro se torne uma fonte de inspiração para você enfrentar os desafios da vida com resiliência, determinação e empatia. Aplique as lições aprendidas e entregue o seu melhor em tudo o que for fazer. Contribua para um mundo melhor, onde o crescimento e a conexão com os outros sejam valorizados acima de tudo.

A partir de agora, tenha coragem para perseguir e alcançar os seus sonhos mais profundos. Ao continuar seguindo o seu próprio caminho, continue mantendo uma mentalidade de crescimento e de aprendiz. O que realmente importa é o que você aprende ao longo da trajetória. Quando olhar para trás, orgulhe-se da jornada que percorreu e das vidas que tocou ao longo do caminho.

Você só tem vinte e quatro horas. Essa é a realidade que todos enfrentamos diariamente. Cada amanhecer é uma nova oportunidade de fazer algo extraordinário com o tempo que nos é dado. Este livro é um lembrete poderoso de que cada segundo importa. Não há espaço para desculpas nem procrastinação.

Espero que o seu caminho seja iluminado pela coragem, pelo amor e pelo desejo de nunca desistir. Que você possa alcançar tudo aquilo que almeja, tornando-se a sua melhor versão a cada passo do caminho. Persista, pois cada desafio coloca você mais perto dos seus sonhos.

Lembre-se: você só tem vinte e quatro horas!

Este livro foi impresso
pela Edições Loyola em
papel pólen bold 70 g/m²
em março de 2025.